|博士生导师学术文库|
A Library of Academics by
Ph.D.Supervisors

当代中国法治文明建构研究
——基于中国传统儒学人文精神

李瑜青 著

光明日报出版社

图书在版编目（CIP）数据

当代中国法治文明建构研究：基于中国传统儒学人文精神 / 李瑜青著． -- 北京：光明日报出版社，2022.6

ISBN 978-7-5194-6616-9

Ⅰ.①当… Ⅱ.①李… Ⅲ.①社会主义法治—建设—研究—中国 Ⅳ.①D920.0

中国版本图书馆 CIP 数据核字（2022）第 092501 号

当代中国法治文明建构研究：基于中国传统儒学人文精神
DANGDAI ZHONGGUO FAZHI WENMING JIANGOU YANJIU：JIYU ZHONGGUO CHUANTONG RUXUE RENWEN JINGSHEN

著　　者：李瑜青	
责任编辑：杨　茹	责任校对：田昌华
封面设计：一站出版网	责任印制：曹　净

出版发行：光明日报出版社

地　　址：北京市西城区永安路 106 号，100050

电　　话：010-63169890（咨询），010-63131930（邮购）

传　　真：010-63131930

网　　址：http://book.gmw.cn

E - mail：gmrbcbs@gmw.cn

法律顾问：北京市兰台律师事务所龚柳方律师

印　　刷：三河市华东印刷有限公司

装　　订：三河市华东印刷有限公司

本书如有破损、缺页、装订错误，请与本社联系调换，电话：010-63131930

开　　本：170mm×240mm	
字　　数：174 千字	印　张：13.5
版　　次：2022 年 6 月第 1 版	印　次：2022 年 6 月第 1 次印刷
书　　号：ISBN 978-7-5194-6616-9	

定　　价：89.00 元

版权所有　　翻印必究

目 录
CONTENTS

前　言　问题的提出……………………………………………………… 1
　一、对法治过于形式化倾向的批判是法治建设中的重要课题……… 1
　二、法治建设与法律信仰………………………………………… 3
　三、法律的文化人格与传统文化对法治建设的价值……………… 4
　四、研究的主题与方法…………………………………………… 9

第一章　人文精神的概念及所涉及的若干问题 ………………… 11
　一、人文精神的概念分析 ………………………………………… 11
　二、人文精神概念内涵及所指向的问题的思考 ………………… 15

第二章　中国传统儒学人文精神作为一个命题的形而上探讨 ……… 29
　一、从什么意义上理解传统儒学 ………………………………… 29
　二、作为传统儒学人文精神载体的伦理文化分析 ……………… 33
　三、传统儒学人文精神的形而上思考 …………………………… 36

第三章　中国传统儒学人文精神的特点和主要思想观点 ………… 44
　一、西方人文主义与人文精神 …………………………………… 44

1

二、中国传统儒学人文精神的具体表现特点考察 …………… **63**
　　三、中国传统儒学人文精神主导思想的思考 ………………… **71**

第四章　法治作为人类的理想与传统儒学人文精神提供的思想价值 … **78**
　　一、法治的理想及其历史发展中与人文精神的关系 ………… **78**
　　二、法治理想的思想基础分析 ………………………………… **94**
　　三、中国法治现代化历程及传统儒学人文精神所具有的普适性
　　　　思考 ……………………………………………………… **105**

第五章　传统儒学人文精神的价值理念与法治若干价值理念的
　　　　比较分析 ………………………………………………… **126**
　　一、法治的平等理念与传统儒学的义分思想 ……………… **126**
　　二、法治的自由理念与传统儒学民本思想 ………………… **144**
　　三、法治的人权理念与传统儒学的仁爱思想 ……………… **153**
　　四、法治的正义理念与传统儒学的道德正义 ……………… **164**

第六章　传统儒学人文精神与法治的结合何以在构建法治的
　　　　中国模式 ………………………………………………… **178**
　　一、天人合一、和谐与提升法治的思想境界 ……………… **178**
　　二、群己关系、人伦情感对法治基础论的丰富 …………… **181**
　　三、重估德治，内倾修为推进法治道德理论的发展 ……… **186**

研究参考书目 ………………………………………………………… **201**

前　言

问题的提出

一、对法治过于形式化倾向的批判是法治建设中的重要课题

中国改革开放 40 多年的发展，是社会主义法治不断加强和完善的过程。但我们不能忽视在法治建设取得进步的同时，依然存在着法治过于形式化倾向，对法治过于形式化倾向的批判是法治建设中的重要课题。

所谓法治即依法而治，它包含了两个方面的内容。其一，建立一套反映社会政治、经济、文化关系及其变化发展要求的法律规范体系；其二，形成对作为法律规范体系思想文化基础的伦理、价值观念的普遍认同。后者是法治的核心所在。因为法律规范体系是人们根据一定的伦理、价值观念构造的；一经构造而成的法律规范又是通过人的行为使其从书面上的法转化为现实生活的法，在这过程中，人们以一定的伦理、价值观念形成对法律规范的认知、评价等。而法治过于形式化易忽略对法的伦理、价值观念的建设，把自己的眼光局限于法条的工具性、技术性方面，造成在法治建设上缺乏对法律的历史性认识以及文化性视野的过于狭隘。

学界有不少学者已对这种法治过于形式化倾向提出了批评。如有的学者指出，它的直接后果，使得法律成为对公众陌生的产品，法律应有的价值不能转化为主体价值追求的目标①。因为这种立法产品游离于广大民众的需求以外，不仅无法满足广大民众生活的需要，而且可能还会与广大民众利益相对立。也有的学者指出，法治过于形式化会造成新的法律虚无主义②。因为法律没有良好的群众基础，法律游离于广大民众的精神需求以外，它的一个可能的后果，即法律成为一种摆设，在社会生活中不能起到良好的社会控制作用。过多强调法律的形式合理性，而忽视其实质的合理性，会使得人们怀疑这种文明的基础和信念。

从历史经验来看，正是对法治过于形式化倾向的批判，使得法学研究方法论发生转向。自近代以来，实证法学的理论曾作为主导的方法论对法学的研究和法律的实践产生过很大影响。但实证法学忽略对法的价值基础问题的研究，把对法的价值问题的研究看作是一个法学研究的假问题来加以拒绝。但经过第二次世界大战，人们通过对纳粹事件的反思开始意识到，其实人类的文明与进步不能以牺牲人类的理想与价值为代价；高扬人的价值，追求人的理想，是人类进步与发展的动力，也是人类自身奋斗的归宿。它反映到治国层面上，在实现人类理想和价值的时候，法应当是一种体现着人类价值选择的规范、原则、精神，法治应始终是善治。正是如此，新自然法学、法社会学取代原实证法学开始活跃于法学的思想舞台和法律的实践舞台，实证法学也调整自己的思路演变为新实证法学来表达对法的理想与价值的关注。

---

① 范进学. 法的观念与现代化 [M]. 济南：山东大学出版社，2002：15.
② 范进学. 法的观念与现代化 [M]. 济南：山东大学出版社，2002：16.

二、法治建设与法律信仰

但笔者认为,对法治过于形式化倾向的批判除了从上述的这些角度,还有必要从更高的境界上来进行分析,这就要求我们从所提出的建设社会主义法治国家的命题所内涵的文化要求上来进行分析。法治不仅仅是一个治国的方略,同时也是一个时代的命题①,而作为法治时代基础的重要内容,就在于法律必须为人们所信仰,这种信仰对法来说,即使人们形成一种对法的运用行为的自觉。法律的作用不仅依赖于国家的强制力,而且还信赖于权利主体积极地实现自我权利、履行法定义务来保障法律秩序的稳定,法律规则的推行。这时主体是发自内心地对法律有一种信服,因而法律在实现过程中,也是内含于法律中的理想和价值。实体法以一般行为规则的形式存在于规范性文件或其他法律形式之中,它不以个人的意志为转移,而是普遍地适用于全体社会成员,但实体法中的权利、正义、公平等思想理想或观念也存在于权利主体的内心并以此化为一种具有普遍性的行动。法律作为人类价值追求所实现与保障的手段,主要表现在法的规范被用来指引、预测、评价、教育、强制和处理人的行为,以维护一定的社会秩序。在这种情况下,法的规范作为一套社会评价标准体系是为主体的社会目的进行服务,既具有手段性或工具性,又由于体现着人类的公平、正义、权利、自由、平等价值追求,凝结成为人类的法的精神,具有其目的性。

而法治的过于形式化的直接后果是不能实现法治的这种基础性的建设。我们知道,人类的活动并不是个体性的孤立活动,而是以社会性的群体方式所表现出来的。这种社会性的群体活动使得人们之间相互联系

---

① 李瑜青. 法理学 [M]. 上海:上海大学出版社,2005:2.

及彼此影响，诸多的观念、思想、行为方式等构成这种相互联系的复杂网络。社会就是以这种方式存在着。离开了人们之间的相互理解和价值理念的沟通，离开了人们由于相互理解和沟通所形成的共识，所谓的法律也就缺乏了社会的基础。具体来说，法律颁布的目的是规范人们的社会行为，以促进政治、经济文化事业的发展。但立法是一回事，人们的执法、守法又是另一回事。立法者通过立法活动，如果不能将其正义、公平、效应等价值理念转换为权力机关的执法意识和普通公民的守法意识，在现实中人们照样还是我行我素，那么法律不过是一堆文字游戏而已。因此，伯尔曼指出：法律必须被信仰，否则它将形同虚设。它不仅包含人的理性和意志，而且还包含了他的情感，他的直觉和献身，以及他的信仰。①

信仰当然是十分崇高的事业。歌德说：世界历史的唯一真正的主题是信仰与不信仰的冲突。所有信仰占统治地位的时代，对当代人和后代人都是光辉灿烂、意志风发和硕果累累的，不管这种信仰采取什么形式；另一方面，所有不信仰在其中占统治地位的时代（也不管这不信仰是什么形式），都只得到一点微弱的成就，即使它也暂时地夸耀一种虚假的光荣，这种光荣也会飞快地逝去，因为没有人操心去取得一种对不信仰的东西的知识。信仰必须是人发自心灵内部的呼唤和需要，是在人的内心中所产生的心灵上的平衡。它对法治的实现具有特殊意义。

三、法律的文化人格与传统文化对法治建设的价值

但法律要被信仰，法律所内含的伦理、价值等文化观念既要符合时代的发展，又是为广大老百姓从内心所认可，这也就是笔者所提出的法

---

① 伯尔曼. 法律与宗教 [M]. 梁治平，译. 北京：生活·读书·新知三联书店，1991：28.

律具有自身的文化人格。其实，任何国家的法律所包含的规则都不是抽象的，它是以一种直接的形式，对人的社会生活做出表现和确证，体现了一种存在的方式，因而它从来不可能孤立地得到发展，而必定要与这个国家法律所处的文化相互联系、相互影响、相互制约着存在和发展。

因此，我们必须承认有一种文化力的存在。它是我们确证法律的文化人格的重要依据。人们在日常生活中常常低估文化的意义或作用，把文化当作纯粹的法律生活的点缀品，轻描淡写地加以颂扬或评论一番，而在强调法律建设必要性时就简单地把法律规则、法律实施的实体物看作是"刚性"的存在，而没有看到这些法律规则或法律实施的实体物都是人们根据伦理、价值等观念构造的，实际上是在反映一种文化力。所谓文化力就是要指出，文化在社会生活中从来不是一种消极被动可有可无的存在品，它对经济、政治和人们的日常生活等，无形地在进行一种设计。文化传统越是悠久，这种设计越是完备。在这种设计中，人们不但建立起独特的精神世界，而且往往建立起彼此相互认同的规则原理。由于文化力的这种作用，它释放出特殊的文化信号，调动起人的潜力，影响人的态度与情绪，民族的凝聚力与向心力，等等。文化力的作用告诉我们，我们不可能在历史虚无主义的背景下就一国的法治进行建设，这个建设的过程必然与传统及现代文化有着千丝万缕的联系。如果我们对传统及现代文化不能采取一种正确的选择态度，由于无形的文化力的设计作用是不以人的意志为转移总是客观地发生影响，形成一种既定力量，就会使这个国家法治建设偏离本国现实发展的客观的要求，不能满足时代的发展需要。

法律的文化人格的作用，使我们在进行现代法治建设时，要正确对待传统文化。也就提出一国法律制度的个性问题。历史的经验是值得重视的。法治建设如果忽略了民族文化的内在因素的作用，采取简单的"拿来主义"，它的一个直接后果，就会造成整个社会文化系统的紊乱，社会系统中各文化力作用的相互抵消。但学者们在注意这个问题时，一般都从西方法治史来得到说明，强调西方文化传统、价值观念与法治的相一致，如何推动了法治的发展。有学者指出，欧洲国家步入法治化是以其社会自身的深厚的伦理、价值观念作为基础。① 这种分析从法治的建设对法治文化依赖的角度是很有意义的。当然，要说明这个问题，首先要强调罗马法复兴这段时期的意义。从时间上说这在12世纪至16世纪，当时欧洲不少国家和自治城市先后程度不同地出现了市场经济的萌芽并得到一定程度的发展，市场经济这一新的经济形式的兴起，开始引起人们对新的经济秩序、规则的思考。研究罗马法，并将其基本原则和概念适用于法律实践中去的学术活动也就逐渐展开。也正在这时，查士丁尼《国法大全》的重新发现，促进了罗马法复兴运动的发展。在这个过程中，形成了注释法学派、评论法学派、人文法学派等诸多学派。注释法学派强调对《国法大全》原文的甄别和整理；评论法学派则主张对《国法大全》的法理阐释和实际运用的结合，从罗马法理学中去发现适合新时期需要的规则；人文法学派将人文主义思想贯彻于法学研究中来，把法律研究和人的价值的研究相结合。当时文艺复兴产生的人文主义运动、宗教改革运动等所主张的伦理、价值思想对法治思想的建构提供了重要的资源，如由罗马法私法体系所明确规定的个人的权利和义务系统；人文主义运动主张个体的自由、人格的尊严、世俗生活的价值等的伦理学说；宗教改革提出人人在上帝面前的平等、禁欲、勤俭，为上帝尽责的宗教意识等。

但在涉及中国法治的发展与中国传统文化尤其是传统儒学文化关系时，学界谈得更多的是中国传统文化尤其是传统儒学文化反法治的因素，把二者简单地加以对立。如有学者认为，中国传统社会是建立在以

---

① 蒋先福. 法治的文化伦理基础及其构建 [J]. 法律科学（西北政法学院学报），1997 (06)：3-9.

宗法血缘为纽带的家庭关系之上的，"国"只是家的放大，"家"不过是国的缩小，国家关系，君臣关系是家庭关系，父子关系的延伸，人们习惯于在温情脉脉的伦理道德纱幕中生活，人与人之间的社会关系完全情感化、伦理化与道德化。这种社会心理沉淀的结果，使人们陶然于伦理亲情，钟情于对现实人际关系的把握，并从中获得心理上的满足。同时在传统法文化中"法即刑"的观念深入人心，例如，《唐律疏义》释："律之与法，文虽有殊，其义一也。"《尔雅·释诂》云："刑，法也。"《汉书·刑法志》中郑昌曰："立法明刑者，非以为治，救衰乱之起也。"《日志录·法制》中顾炎武言："法制禁令，王者之所不废，而非所以为治也。"苏轼《戏子由》中云："读书万卷不读律，致君尧舜知无术。"这种"法即刑"的法律文化造就了民众在内心情感上自发地排斥法律，这种心灵上的厌恶与排斥无法形成公众对法律信仰的原动力。如此一个传统文化资料，对我们今天的法治建设是否还有意义？

　　中国的文化历史真的是缺乏法治所需要的伦理、价值因素吗？其实历史留给我们的东西是复杂的，固然中国在过去的发展中与西方的发展其表现的文化模式有很大的差异，而传统儒学的文化在道德文化和伦理文化上表现得特别的发达，但从我们今天法治建设的角度来看，它所存在的问题是把某种道德和伦理的因素的作用绝对化或夸大化，这些道德和伦理的文化因素与法治的文化因素并不是截然对立的。我们看到中国的改革开放40多年的发展，我们从过去封闭走向开放，中西经济、文化交流日益频繁。但是由于中西在经济上存在着较大的落差，使一些人提出全盘西化的观点，对自己民族的文化缺乏起码的自信心。这种观点在法学研究中也时有表现，如果影响到当代中国法治建设，将会产生很大的消极后果。其实持有这种文化观的人在认识论上有一种误解，即把时代性和民族性这两种因素混淆了。就西方现代文化而言，也是现代化了的具有西方传统的文化，其中蕴含着具有永恒性与人类性的成分，可供其他民族发掘采用，也有合乎时代的成分供别人参照吸取，但不等于说可以无条件地适用于其他现代化的民族和国家，因为它还有独特的民族性的一面。因此，英国著名史学家汤因比曾这样说：一种文明系统中不会致害甚至会致福的因子，一旦跳离这一文明框架的制约而参与到另一个文明系统中，就有可能对这文明系统产生致命的危害，因为这一文明中没有制约它的相对的机制，因而一个人的佳肴，完全可能成为另一个人的毒药。

当然，我们应当承认，中国真正意义上的法治建设是在经历了"文革"之后，在总结历史经验的基础上，进行的一系列的创新实践活动。正如有很多学者在反思当代中国的发展时所提出，如果没有20世纪70年代末80年代初的思想解放运动，没有人们对社会主义文化和伦理的基础精神的重新思考和解释，没有对西方发展道路的重新评价，就不可能有当代中国法治建设的实践问题。① 这可以看作中国人正在进行的继"五四"新文化运动之后新一轮的文化反思，它涉及从政治上不断完善社会主义民主的任务，从经济上建立和完善社会主义市场经济秩序的目标以及对过去实行的高度集权的经济政治体制的否定，而形成对建立和完善社会主义法治的高度重视。与此相联系的，在哲学和以它为集中表现的精神文化领域内，出现了对"实践是检验真理的唯一标准"这一马克思主义基本原理的重新推崇，对认识领域和历史哲学中的主体性理论的强调，这些都为中国法治建设的兴起和发展做了奠基性工作。我们面临的一个重要任务是如何使中国的法治建设与中国传统文化相结合，走出具有中国特色的法治之路。

---

① 蒋先福. 法治的文化伦理基础及其构建 [J]. 法律科学（西北政法学院学报），1997（06）：3-9.

四、研究的主题与方法

　　正是在以上问题基础上，展开本文所进行的研究。我们的研究集中要思考的就是中国传统儒学人文精神的理论或思想与当代中国法治建设的关系。通过对这个问题的研究，回答在当代中国法治建设过程中，我们应该如何纠正法治形式化的片面性倾向，通过张扬法律文化尤其是中国传统法律文化中的积极因素，全面推进法治的发展；同时更为重要的就是要说明中国传统儒学人文精神的理论和思想融于当代中国的法治建设中，可以创造有中国特色的法治文明。笔者注意到国内外的学术界已有不少学者意识到，在我们当代中国法治的实践中是有一段时间，有着对法治即西方化的不当理解，在制度建设上不深入研究国情，采取所谓简单的移植，造成了在社会运作层面的"水土不服"。而对西方法律文化的盲目崇拜，使当代中国的法治建设缺失了本身的个性。因此，一个全面的对当代中国的法治发展进行反省是时代所赋予我们学者的一个重要任务。但对这个任务的完成不在于喊口号，或说几句令人激动的话语，重要在于要深入中国的传统文化中，做深入细致的研究，揭示中国传统文化中与当代中国的法治文明相容的文化因素，而笔者这本著作所做的研究主要集中于中国传统儒学人文精神与法治文明的关系这样一个理论的视角。当然中国传统儒学有着极为丰富的内容，我的研究主要以先秦儒学即传统儒学的典型形态作为思考的对象，因为在笔者看来，先秦儒学的理论更具有传统儒学的原本含义。有学者曾这样说过：在历史上真正产生过影响的学说，它的价值总是具有永恒性。而中国传统儒学是中国传统社会的主流文化，它的思想和理论虽然在今天人们的议论中已经不再是以主流话语的方式表现出来，但它已经融于中国的文化生活中，以它的一种现代性的方式在展现自身，在一定意义上它是最有生命力的中国人的生活本身，我们法治的发展必须要关注这种生活本身固有的精神。

由此，我们的研究将集中在如下的问题：

何谓人文精神，

何谓中国传统儒学人文精神，

中国传统儒学人文精神的思想载体，

中国传统儒学人文精神比较西方人文精神的特点和主要思想，

法治文明与人文精神在怎样的意义上具有内在的联系，

法治的诸理念与中国传统儒学人文精神文化观念的比较，

传统儒学人文精神与法治的结合何以构建法治的中国模式。

第一章

人文精神的概念及所涉及的若干问题

以中国传统儒学人文精神入手讨论当代中国法治建设，当然有必要将贯彻于文中的核心范畴——人文精神概念，做一个明确的说明。这个概念学界虽然用得很多，但并不是非常的清楚。20世纪90年代国内学术界就人文精神的张扬问题有过热烈的讨论，有学者说，中国没有人文精神的传统，何来人文精神的张扬，因此根本否定所讨论问题的意义和价值，认为这是一个假问题。而笔者在这里不仅肯定人文精神问题的讨论对我们法治建设是重要的，而且提出中国传统儒学人文精神的概念，并认为中国传统儒学人文精神对中国法治的建设具有重要的价值。当然，对一个概念的理解，我们不能仅仅做一个定义性的说明，还要把它放在这个概念所指向的问题上，因为只有在相关问题中讨论所使用的概念，才能使我们跳出过于抽象性的思维局限。

一、人文精神的概念分析

对人文精神的概念，学界有不同的理解。我们对其中有代表性的观点再做一些分析。

有学者着重从字面上分析人文精神概念的含义。认为从字面上说，人文中的"人"是关于理想的"人"、理想的"人性"的观念，"文"

即培养这种理想的"人性"所设置的学科和课程,如语言、文学、艺术、逻辑、历史、哲学等。英文中的 Humanities 直接来源于拉丁文 Humanitas,而拉丁文 Humanitas 继承了希腊文 paideia 的意思。按照希腊人的想法,理想的人、真正的人,就是自由的人。所以,整个西方的人文传统自始至终贯穿着"自由"的理念。汉语的"人文"一词同样有这方面的意思。最早出现"人文"一词的《易经·贲》中说:"观乎天文以察时变,观乎人文以化成天下。"这里的人文是教化的意思,中国的人文教化一方面强调人之为人的内修,另一方面强调礼乐仪文等文化形式。可以说,作为人文的第一方面的"人"的理念向来是最为重要的,也是最基本的方面,为了强调这个重要的方面,才出现"人文精神"的说法。①

有学者把人文精神与人文主义相结合来说明人文精神的概念。认为人文主义在其基本的内容层面与"人文精神"有相当的重叠。人文主义作为文艺复兴时期的一种思潮,把人性从宗教神学的禁锢中解放出来,其口号是:"我是人,人的一切特性,我无所不有。"人文主义思想包括四个方面:一是反对中世纪神学抬高神、贬低人的观点,肯定人的价值,强调人的高贵,赞美人的力量,颂扬人的特性和人的理想,提倡尊重人,发展人的事业。二是反对中世纪神学的禁欲主义和来世观念,要求享受人世的欢乐,注重人现世生活的意义。三是反对中世纪的宗教桎梏和封建等级观念,要求人的个性解放和平等。四是反对中世纪教会的经院哲学和蒙昧主义,推崇人的经验和理性,提倡认识自然和造福人生。笔者认为,人文主义在西方历经数百年发展走过两个重要阶段:其一是对中世纪基督教神学压迫的反叛,"呼唤人性"的解放和自由。其二是对近现代资本主义技术至上,经济至上导致的人性异化的反

---

① 吴国顺. 科学与人文(《中国社会科学》第 4 期)[J]. 当代作家评论,2001(6):45.

抗，同样也呼唤人性的解放。笔者认为人文精神传入中国，则面临新的任务。① 人文主义运动至少有两种后果。第一，确立了有别传统神学的人文学科体系。第二，铸成了一个新的信息体系，即认为人本身是最高的价值，是一切事物的价值尺度，把人确立为价值原点。为此，当时人文主义者颂扬人在宇宙中的地位和价值。莎士比亚在《哈姆雷特》中道出了人文主义的思想主题：人是一件多么了不起的杰作！多么高贵的理性！多么伟大的力量！多么优美的仪表！多么文雅的举动！在行动上多么像天使！在智慧上多么像一个天神！宇宙的精华！万物的灵长！② 这两种后果体现的就是人文精神的思想内容。Humanism 又被译为"人道主义"，是为了突出 Humanism 中所体现的文化精神，即把"人"作为价值中心。③

有学者则从人文教育与人文精神关系的角度对人文精神概念的内涵做分析。认为人文精神是人文教育所体现的思想观念。从字面上说，人文的人指人的理念、价值或思想，人不同于动物，他要尽可能地超越自我。文指的是手段，通过教育和训练的方式，人能达到和接近自身的理想。一般说，人文教育具有根源性，是社会诸学科的母体。人文对科技不只是一种知识的弥补或互补的关系，还具有类似于灵魂的作用。它使人具备崇高的境界和充沛的活力，人必须超越人自身。④ 有学者反对把人文精神和科学精神对立起来，认为把两者结合起来是马克思主义的基本视点，人文精神中包含了科学成分。马克思主义，就其世界观、价值观来说，是科学精神和人文精神的结合，代表着建立在科学基础上的人

---

① 徐清泉. 中国传统人文精神论要［M］. 上海：上海人民出版社，2004：1-12.
② 莎士比亚. 莎士比亚全集（第5卷）［M］. 朱生豪，译. 北京：人民文学出版社，1994：327.
③ 徐清泉. 中国传统人文精神论要［M］. 上海：上海人民出版社，2004：1-12.
④ 何怀宏. 我的人文观［M］//侯样祥，王文章. 中国学者心中的科学人文（人文卷）. 昆明：云南教育出版社，2002：331-350.

文精神，代表着充满人文关怀的科学精神。① 当代科学技术日新月异的迅猛发展，提供了百年前、几十年前人们难以预料的变革世界，开拓世界的崭新手段和无穷力量，极大极深刻地影响了人类生活和人类命运的各个方面，使人们对科学技术发展的人文思考更加关注。人文精神就其核心来说是人的世界观、人生观、价值观。当讲到人的意义、人生的追求、理想、信念、道德、价值等时，这中间的高尚的、善良的、健康的精神，就属于我们要发扬的人文精神。②

有学者把人文观与人文精神联系起来理解人文精神的概念。认为对人文精神不能做抽象的解释。对使用这一话语的学者的观点要做具体的分析。前几年，影响很大的人文精神的倡导者，把人文精神和人文观描写成，只追求高尚的精神创造，贬斥世俗物质生活的精神贵族的享有物。这样的人文观或人文精神，是很难为人民大众所理解的。任何"观"，都有相应的学说支持。如果你的人文观只是一种超凡的脱俗的精神，那你实际上是把人的本质和享受物质财富对立起来；如果你的人文观只是在于追求物质享受，你把人的本质理解为是单纯的自然属性，当作"饮食男女"；如果你的人文观是指人们创造并享用物质生活财富，那你实际上是把人的本质理解为，在社会实践中进行自由自觉的活动，创造并享用社会需要的社会动物。人文观不仅以人的本质为根基，还以人道主义为核心，以人的价值的实现为内容，对当代的中国人来说以实现现代化为主要目标。③ 而就当代反思的角度，人文精神的问题集中于呼唤人文的自我完善，批判技术主义或物欲主义。20世纪科学技

---

① 龚育之. 对科学技术发展的人文思考 [M] //侯样祥，王文章. 中国学者心中的科学人文（人文卷）. 昆明：云南教育出版社，2002：1.
② 龚育之. 对科学技术发展的人文思考 [M] //侯样祥，王文章. 中国学者心中的科学人文（人文卷）. 昆明：云南教育出版社，2002：1.
③ 李连科. 人文观与人学 [M] //侯样祥，王文章. 中国学者心中的科学人文（人文卷）. 昆明：云南教育出版社，2002：367-387.

术的发展创造了灿烂辉煌的现代物质文明,人民的物质生活水平有了很大提高,但长期以来人们一直存在一种盲目的乐观,认为科学技术进步将同时带来人在伦理道德上的进步,严酷的事实给人们深刻的教训。我们经历了史无前例的两次世界大战,局部战争则连绵不断。高科技运用现代战争,造成人类生命财产的严重受损。环境破坏、资源浪费、吸毒的剧增,犯罪率的上升,这使得技术至上的社会理想破灭。日本著名学者中江兆民为此在其所著《一年有半》中指出了现代文明发展中相互伴随的两种趋向:一种是社会进步,经济发展与生活水平的提高;另一种则是物欲泛滥,习俗败坏与社会道德的沦丧。人们都希望追求超过自己经济力量以上的娱乐,千方百计想得到它。于是乎做官吏的人,就接受礼品及贿赂以养肥自己。经营工商业的人,就钻营奔走,投靠备案,互相勾结,寻求牟取暴利的机会。人文精神的呼唤,就在于对技术主义或物欲主义的批判。

二、人文精神概念内涵及所指向的问题的思考

笔者认为,上述的这些对人文精神概念所做的分析是从不同角度进行的,这些分析都具有一定的合理性。这说明对人文精神概念的内涵做解释涉及整个人类文化领域,不能狭义地以某个或某几个学科知识为依据。从抽象的意义上说,人文精神总是反映出一定社会人们对人自身的尊严和价值的强调,形成以人为本的价值理念。这是人文精神最本质的内涵所在。

但人文精神的问题是在历史中实现的,对人文精神概念的理解要与这个概念在特定社会历史条件下它所指向的问题结合起来,这样对人文精神的概念所形成的理解就会较为全面。如此,笔者认为从理论和现实两个方面,人文精神概念所指向的问题应当关注这么几个方面:

（一）人文精神是对人自身价值加以肯定和张扬的道德范畴

人文精神作为道德范畴，它总是反映人们对自身的价值的肯定和张扬。这可以从人文精神这个词的字面意义做出分析。如前所说，从西方文化的传统来说，人文的"人"是关于理想的人，"文"即培养这种理想的人所设置的学科和课程。汉语的"人文"一词同样有这个意思。理想、价值的思考是道德的思考，道德要询问的也就是善。善在历史上发生，也在历史上发展，总是与一定社会物质生活条件和文化氛围相结合。在人类生产和交往关系发展到一定阶段及文化发展的一定水平上，人们总能自觉地按照他们所处的实际关系和条件，形成自己的善恶观念和感情，并逐步以价值意识统一体的方式对人做出理想的评价或表达。它们作为一种核心的社会意识理念，指导和规范着人们的行为活动，并通过人们的社会实践，和其他的道德价值理论和学说一起，对人们的法律生活和法律的思想活动产生影响。人文精神作为一种道德的意识，人们的思考是围绕善恶展开的，"应当"或"不应当"是其主要的判断，这种判断对人的影响通过社会的舆论，人的内心信念和传统习惯来加以维持。

但人文精神作为一种道德思想和观点在历史上有它自己的理论形态，西方的人文主义学说是其中最为重要的理论载体。正是在这个意义上，笔者赞成主张把人文精神与人文主义（人本主义）相结合来说明人文精神的问题的观点。人文主义（人本主义）作为一种思潮其实在古代希腊就有端倪，智者学派代表人物普罗塔戈拉提出"人是万物的尺度"的命题，对西方人文主义（人本主义）思想的发生或发展产生深刻的影响，但它的典型形态是以文艺复兴时期的人文主义思潮为代表。正如有学者所指出的，从人文主义思潮与人文精神相联系的意义上至少有两个明显的成果。第一，确立了有别传统神学的人文学科体系。

第二，铸成了一个以人为本，以人作为最高价值的观念体系。当然，人文主义（人本主义）在西方历经数百年发展，到了当代又有了很大变化，即由过去表现出来的对中世纪基督教神学压迫的反叛，呼唤人性的解放和自由转向对近现代资本主义技术至上，经济至上导致的人性异化的反抗。人文主义（人本主义）的思想以及理论形态发生了变化，但它内涵的文化内容仍然属于人文精神思想范畴，是人文精神的思想、观念在不同时期表现出来的理论、学说。

（二）人文精神可以体现于社会生活各个方面，反映一个社会或国家的文明程度

人文精神所反映的人类社会生活实践之崇高的精神境界追求，不仅体现于作为道德范畴的人类精神文明中，也体现在政治文明、物质文明中。它从深层次上反映一个国家或社会在精神文明、政治文明与物质文明的文化意蕴。从表层意义而言，人唯有具备了人文精神，才能使自身从本质上而不是表象上同自然界的动物区别开来，同异化的人或非人之人区别开来。而就内层的意义而言，它反映了人对自身的尊严、价值、命运的关切和维护，对人类所创造的物质文明、政治文明和精神文明的珍视和爱惜，对正在发展于制度层面的理想人格的高度重视和强调。人文精神不仅是精神文明的主要内容，而且影响到政治文明、物质文明建设，它是构成一个民族，一个地区文化个性的核心内容，是衡量一个民族、一个地区文明程度的重要尺度。①

正是在这个意义上，笔者认为讨论人文精神与科学精神的关系具有重要的意义。在学界有一种观点，把人文精神与科学精神相对立，这里其实存在很多概念上的误解。从西方的科技史考察可以看到，所谓科学即把理性和知识作为人的基本存在的生活方式。科学本质上是服务于人

---

① 徐清泉. 中国传统人文精神论要［M］. 上海：上海人民出版社，2004：1-12.

的自由和理想，它应当是与人文精神的文化内涵具有相通性，是人文精神的一贯重要的思想要求。当然，科学在西方经过中世纪的洗礼，到近代被重新提起时与古希腊相比有了新的特征。笛卡儿和培根是近代科学的两个形象。笛卡儿的"我思故我在"的命题代表的是科学古典的理性传统。而培根"知识就是力量"的思想则反映了新兴科学的功利主义传统。随着自然的教学化、研究的方法论化以及科学建制的分科分层化，近代科学完成了其理性化过程，并构成日后科学发展的基本精神气质。社会学家默顿在其著作《科学社会学》中将这种精神气质概括为普遍性、公有性、无私利性和有条理性的怀疑主义。这都是近代人文精神思想在科学研究上所要求的文化精神，因此科学主义与人文精神是相通的。

但近代科学不仅是理性精神的光大者，也是近代工业社会的奠基者。科学以其"效用"服务于人类社会，并形成了意欲"控制"的权力意识，这是近代科学一个崭新的思想纬度。正如美国的科学史专家科恩指出：新科学的一个革命性的特点是增加了一个实用的目的，即通过科学改善当时的日常生活。寻求科学的真理的一个真正目的，必须使科学对人类的物质生活条件起作用。这种信念在16世纪和17世纪一直在发展，以后越来越强烈而广泛的传播，构成了新科学本身及其特点。[①]培根主张科学应该增进人类的物质福利，否则就是一些空洞的论证和言辞游戏，他的观点具有代表性。为此，他批评古希腊的科学大部分只是"聊天老人对无知青年的谈话"，"他们真是具有孩子的特征，敏于喋喋不休，不能有所制作，因为他们的智慧是丰足于文字而贫瘠于动作。"[②]近代科学沿着他的思路发展起来的经验论是操作主义的实验经验论。可

[①] 科恩. 牛顿革命[M]. 颜峰，弓鸿午，欧阳光明，译. 南昌：江西教育出版社，1999：5.

[②] 培根. 新工具[M]. 许宝骙，译. 北京：商务印书馆，1984：48-49.

严格控制、可重复操作实验,成为近代科学的重要的文化要求。培根开创的强调效用的这种文化精神,有利于人类对新的生活世界的创造,对伦理精神的培植也有积极的意义。但这种观点的夸大化,也就转化为我们称作技术理性的一种思维。它的重要特点在于无视科技的目的性,认为科学技术可以解决一切问题。而事实上,科学研究的过分功利化和权力化,就可能造成危害人类的恶劣后果。因此,我们可以注意到一些伟大的科学家在这个问题上的思考。爱因斯坦就指出:关心人的本身,应当始终成为一切科学技术上奋斗的主要目标;关心怎样组织人的劳动和产品分配这样一些尚未解决的重大问题,用以保证我们科学思想的成果造福于人类,而不至于成为祸害,对科学研究来说是至关重要的。[1] 怀特海也说:"科学从来不为自己的信念找根据,或解释自身的意义。科学的根据和意义必得从更一般的人类思想中找寻。"[2] 科学史专家汤因比更是深刻地分析了科技与伦理的关系,他说科学的进步,通过技术的应用,给人带来统治别人,统治人以外的自然力量。所谓力量,在伦理上是中性的,可以用于善的方面,也可以用于恶的方面。力量只是增加善恶行为所带来的实质性影响的程度。例如,原子弹如果用于恶的方面,一瞬间就可以杀死几百万人。然而,人的力量在一对一的战斗中,即使使用金属武器,一次最多也只能杀死一个人。相反,医学的进步给医生带来的力量,现在可以拯救几百万人免遭细菌和病毒的灾害。这同一种科学力量,如果被用于细菌战,就会像原子弹一样,使几百万人丧生。如此看来,科学技术力量对人生命的影响,取决于使用这种力量的人的伦理水平。[3] 如此,科学技术原本是与人文精神相通的,人文精神

---

[1] 爱因斯坦. 爱因斯坦文集(第三卷)[M]. 许良英,赵中立,张宣三,译. 北京:商务印书馆,1979:73.
[2] 怀特海. 科学与近代世界[M]. 何钦,译. 北京:商务印书馆,1959:16-17.
[3] 汤因比,池田大作. 展望二十一世纪:汤因比与池田大作对话录[M]. 荀春生,朱继征,陈国栋,译. 北京:国际文化出版社,1985:408-409.

与科学精神具有一致性。但若科学技术为不同目的的技术理性所控制，就有可能走歪方向，并与人文精神相对立起来。从这里也进一步证明。人文精神作为一种伦理思想在诸多文明中占据核心的位置。

（三）在当代现实生活中人文精神主要表现为对物欲主义的批判和超越

人文精神的张扬在不同的时代有不同的主要任务，批判和超越物欲主义对我们今天人性的腐蚀，是当代人文精神的张扬面临的主要任务。有学者认为中国本来就没有什么人文精神的传统，何来人文精神张扬的问题，这个观点笔者认为是偏激的，后面笔者会就这个问题做出分析。但要指出的，在现实生活中物欲主义现象的存在是一个客观的事实。所谓物欲主义，实质是表现为对物质的过分崇拜，过分迷恋的现象。这种现象把人从自由自在的生命主体沦为崇尚享乐，没有情趣和理想，均为消费与欲望所支配或满足的工具。[1]

但为了深入说明在社会主义市场经济发展中存在的物欲主义现象，我们首先来看资本主义国家在推行商品经济或市场经济中面临的这方面的矛盾。资本主义是与商品经济、市场经济一道发展起来的。在人类历史上，商品经济及其文化较之自然经济极大地促进了人的发展，因而具有伟大的历史进步作用。与自然经济的生产主要是生产使用价值不同，商品经济或市场经济主要是交换价值的生产，获利成为其经济活动的基本动力。马克思深刻地揭示了商品生产的动力机制："劳动的目的不是为了特殊产品，即同个人的特殊需要发生特殊关系的产品，而是为了货币，即一般形式的财富。[2]"对商品经济或市场经济而言，交换价值之

---

[1] 李瑜青.人文精神问题的实质、运行和途径［J］.上海大学学报（社会科学版），2000（06）：5-11.

[2] 马克思，恩格斯.马克思恩格斯全集（第46卷）［M］.北京：人民出版社，1989：174.

所以在生产过程内部结构中具有实在的根本意义,因为只有在实现交换中,资本才能达到自我增值的目的。而交换关系总是表现为某种"物"即货币,货币是同商品并存的一种普遍起作用的社会存在形式,这样也就产生了人与人关系的"物化"即人的独立性是借助于货币这种"物"来实现或表现。人类的生产这时出现二重性格。一方面,由于市场经济有效地发挥,调动了人们主体的积极性,所创造的巨大物质财富为人类个性自由发展创造了前所未有的条件,人类开始有了越来越多的时间可以从事科学、学术、文化等精神活动。另一方面,则形成了人对物的依赖代替了人对人的依赖,虽然在历史上这种关系打破了以血缘为纽带的人身依附关系,造就了人的独立性,但它是以对物的依赖性为基础的人的独立性,人表现为完全屈从于货币的权利。这就成为物欲化形成的根据。就是说,在资本主义条件下市场经济发展、资本的生产,虽然为人的全面发展提供了物质手段和自由空间,但资本主义的生产方式的目的又有其对立的一面。资本主义社会市场经济的价值原则,不是从对人的发展的意义上,而是从资本增值的角度来衡量的。商品经济原则渗透到社会生活的一切方面,并力图按照商品的形象来改造整个世界。一切人都依赖商品而生活,或者说在一定程度上,一切人都成为商品,形成一种独特的经济统治或"政治强制"。物欲主义成为资本主义社会市场经济最为本质的精神内容。①

物欲主义是人的发展的片面形式。在资本主义条件下商品经济原则的任性发展形成了人的发展的物欲化的片面形式,这可以从多方面看出。第一,把人当作"物"来看待。在资本主义条件下,资本所关心的只是价值的交换,它要求人具有满足他人和社会需要的有用性,这种有用性必须是具有相当的使用价值,可以被他人加以实际地占有并具有

---

① 李瑜青. 人文精神问题的实质、运行和途径 [J]. 上海大学学报(社会科学版), 2000(06): 5-11.

消费的价值。人的意义就在于可以成为实现资本增值的工具，这就是物欲化下的人的存在特征。第二，导致主客体的颠倒。本来人是社会的主体，现在物则成为支配人的主体。作为人的主体性属性，如劳动、才能、名誉、良心、爱情等，在物的诱使下会变得像商品一样被自由买卖和交换。第三，人的物欲化导致精神生活的萎缩。人的精神生活本来是丰富多彩的，但在物欲主义影响下，原本不具有直接使用价值，不能构成商品的许多精神的东西，因为没有供需市场，因而受到积压。第四，在物欲主义导向下，人的物质需求和物质生活会变得极度的膨胀。它在观念上的反映就是拜物教，对商品和金钱的崇拜会成为一种时代性的社会心态。同时，人对自然的物的极度索取也会严重破坏自然平衡和社会可持续性发展。由此可见，在物欲主义的诱惑和压力下，如果缺乏"我是人"的自我意识，就不能在物化世界中保持人的独立性，那就很容易把人降低到物的水平上。如何引导人超越有限的物质生存实践，不断寻求更开阔的人生意义和价值世界，是资本主义市场经济时代必须解决的一道难题。①

马克思主义的社会主义学说可以看作关于人类解放和发展条件的学说。资本主义生产一方面为人的全面发展创造条件，另一方面资本主义生产方式，以交换价值为目的，又是同人的全面发展相矛盾，这是资本主义最终将被其内在矛盾所扬弃的从人性发展上的根据所在。② 因此，马克思把社会主义定义为"在保证社会劳动力极高发展的同时又保证人类最全面的发展的这样一种经济形态"。③ 由于社会主义在本质上是

---

① 李瑜青. 人文精神问题的实质、运行和途径 [J]. 上海大学学报（社会科学版），2000（06）：5-11.
② 李瑜青. 人文精神问题的实质、运行和途径 [J]. 上海大学学报（社会科学版），2000（06）：5-11.
③ 马克思，恩格斯. 马克思恩格斯全集（第19卷）[M]. 北京：人民出版社，1989：130.

把人本身的发展作为物质生产和精神生产的根本目的，因而马克思又把社会主义称为比资本主义"更高级的、以每个人的全面而自由的发展为基本原则的社会形式"。① 就是说，社会主义的最根本的原则就是自觉解决资本主义社会无法克服的人与物的矛盾。注重人本身的发展，克服商品经济在人的发展上的局限性，是社会主义和资本主义的根本区别之所在。但是，我国现实的社会主义由于经济的落后性又决定了不可能跨越商品经济发展阶段，社会主义制度的确立和完善只能以商品及商品生产内在矛盾的充分展开为现实基础。这样，交换价值的生产和人的发展的矛盾又在新的社会形式下表现出来。在社会主义市场经济条件下，社会主义虽然在基本制度层次上把人的发展作为根本目的，但在具体的经济体制上以及在市场经济制约下的商品生产、经营层次上，交换价值作为社会主体的直接动力又是必须的和不可避免的。这样，在我国社会主义市场经济发展中也遇到了资本主义国家相类似的问题，呼唤人文精神、克服物欲主义，正是以这样深刻矛盾作为现实根据的。

（四）人文精神问题在多重的文化矛盾中运行

人文精神的问题在当代的深刻依据在于商品经济下人的发展的反思。但它在中国又是在包含多重矛盾的状况条件下起作用。

1. 与经历的政治批判时代的文化内容相伴随

这里所谓的政治批判时代，指的是改革开放初期文化界发生的对人们所经历的"文化大革命"运动深刻的历史反思或批判，这一批判构成独特的文化历史内容。"文化大革命"给中国人民留下的印象是极为深刻的。在一定意义上说，它是唯政治化的一个结果。新中国成立后，中国社会发生了翻天覆地的变化，中华民族从此走上了复兴之路。但由

---

① 马克思，恩格斯. 马克思恩格斯全集（第23卷）[M]. 北京：人民出版社，1989：649.

于种种原因,当时政治运动不断,经济建设受到极大干扰,一个显著的表现是社会在运行中脱离实际的唯政治化倾向。恩格斯指出:"政治统治到处都是以执行某种社会职能为基础,而且政治统治只有在它执行了它的这种社会职能时才能持续下去。"① 唯政治化的特点在于,过于夸大政治统治的作用,并把它看作目的本身,用政治标准考察一切,以否认其他社会系统运行基础和客观规律的存在。这在"文化大革命"前就表现出来了,例如当时在经济建设上违背客观经济规律掀起"大跃进",大放所谓经济的政治"卫星";在精神文化建设上,用政治斗争方式解决学术上的争论;在业务学习上,发动"拔白旗"运动,把业务尖子污蔑为"修正主义的苗子"、"走白专道路";在人际关系上,大兴唯成分论,用政治上的阶级斗争处理正常的人际交往等。这种唯政治化倾向在"文化大革命"中发展到了登峰造极的地步,造成了十年的历史动乱。人文精神问题的讨论由于与当时政治批判时代内容相伴随,使得在讨论人文精神问题时,人们也积极反思过去社会生活中存在的唯政治化的传统文化根源问题。我国文化界,学术界发生的"异化热""人道主义"讨论,传统文化研究等,都可以看作与人文精神问题讨论有着内在联系的重要组成部分。它们各自都把射线射向自身热点上,好像只是对局部文化事象的思想观照,其实都以独特方式在呼唤人性与健康。②

2. 与社会主义文化建设的历史使命感相联系

应该看到,对商品经济或市场经济发展中存在的物欲主义倾向,实际上在资本主义国家中不少思想家已经意识到了,并进行了积极的批

---

① 马克思,恩格斯. 马克思恩格斯全集(第3卷)[M]. 北京:人民出版社,1989:219.
② 李瑜青. 宪法中民营经济地位变迁与以人为本法理理念——兼论法理学研究对法律实践的价值[J]. 北京行政学院学报,2009(01):75-79.

判。由于社会制度不同，就人文精神的呼唤、对物欲主义倾向批判的历史命运也不同。就商品经济价值观的突出特点而言，它是把经济原则提升为整个社会生活的最高尺度，从而把人的关系简化还原为商品货币交换关系，把占有财富和金钱当作人的社会价值的主要标志。为此，在资本主义条件下，不少思想家对这种商品经济价值观提出了批判，这主要反映在他们从人道主义理论出发的理论批判活动。在人道主义价值观看来，人是社会发展的根本目标、基本动力和终极尺度，发展是以人为中心的发展，如果脱离了人，不是为了人，那就失去了发展的价值和意义。人道主义的这种批判，对现代社会发展的作用是显而易见的，它明确了社会发展的目标，唤醒人超越物质利益的狭隘要求和束缚，从而追求更广阔的人生价值和意义世界。但在资本主义条件下，以多数人利益的牺牲换取少数人的发展被看作合理的；在以物为中心的评价尺度中，人是增进物质财富的手段，只要增加生产、提高效率，人的肉体和精神受到极大的伤害，都被看作值得的。而社会主义文化建设的历史使命则不同，我国还处于社会主义初级阶段，社会主义的建成当然需要一个过程，它必须着眼于把尊重人的生命放在首要地位，并把人类作为一个整体去看待，把人的生命尊严作为价值基准的基础。因此，邓小平同志对社会主义的本质做出这样的概括："解放生产力、发展生产力，消灭剥削，消除两极分化，最终达到共同富裕。"社会主义文化建设的使命感规定着我国人文精神建设的方向。这种思想、意识嬗变的自觉性，必然表现为在观念深层中自由自觉地对人文精神系统的构建。无论是对于中国古代的或是西方人的文化精神，都要从人自己本身独有的时空性的立场上来进行评价和批判。

3. 与社会转型期带来的异常复杂的社会心理状态相联系

应该看到，当代中国社会的改革是极为深刻的，可以说我们同时正在进行着三大转变：从自然经济半自然经济转向市场经济；从原始积累时代及自由竞争时代的市场经济转向现代市场经济；从原先已经形成的严密体系的产品经济、计划经济转向既合乎市场经济通则又体现社会主义精神的新经济体制。① 改革归根到底通过人们的利益调整表现出来，由于社会矛盾的复杂性，改革也往往在社会有序或无序的状态中进行，使得社会心理呈现很复杂的状态。其中既有积极的，也有消极的。文化界对人文精神的弘扬即对物欲主义倾向的批判，也面对许多消极的社会心理挑战。我们可以列举其中一些。①浮躁化倾向。在社会转型过程中，有相当多的人患上了这种毛病，做事不踏实、不安分，焦躁不安，急不可耐，带有明显的以获取金钱为目的的功利主义色彩。②无责任化倾向。责任指的是一个人对自己的工作、所属的群体、生活的社会所承担的任务，应尽的义务和自觉态度。无责任化倾向则表现为对自己该管的事不管，该负责的事不负责，多一事不如少一事，对工作采取应付的态度。持有这种倾向者往往情绪冷淡、精神空虚、情感萎缩，表现出一副厌世、无精打采的样子。对周围的世界采取逃避、厌烦的倾向。③冷淡化倾向。这种倾向反映人与人之间缺乏同情、帮助，见义而不为，见死而不救，人与人之间的距离越来越远，人与人之间的感情越来越冷。冷漠化倾向不仅仅是反映了对人际关系的冷淡，也反映了对社会的冷漠。④虚假化倾向。弄虚作假、吹牛拍马、假冒伪劣，就是这种倾向的表现。过去的这浮夸虚假主要表现在政治生活上，但现在则渗透到社会的各个领域、各个阶层之中。⑤粗俗化倾向。所谓粗俗化，就是赤裸裸地表现出人的原始的、本能的欲望和要求，是人的行为反文明现象。如此等等，形成诸多消极社会心理的原因是多方面的，其中社会发展中出现的腐败行为的泛滥，社会转型过程中的无序和混乱，社会利益在重新调整中出现的严重分配不公等，使公民原来的那种对改革开放的过高期

---

① 李瑜青，李明灿. 契约精神与社会发展 [M]. 太原：山西人民出版社，1997：2-3.

望值受到了很大挫伤，公民利益被直接地或间接地损害而产生了对现实的不满。这些社会心理文化一方面往往会模糊人们的视线，对改革以及市场经济发展产生某种怀疑，另一方面也向我们提出了要注意克服社会发展中存在的某种弊端，加强社会主义精神文明建设。而这样的社会文化内容当然与人文精神反物欲主义倾向也是交织在一起起作用的。①

4. 存在对中国本土文化传统价值的盲目否定和任意轻视

这种文化现象在青年中表现得最为明显，当然这可以进行深刻的历史文化原因上的分析。我们可以通过比较来说明这一问题。从新中国成立初期到20世纪60年代中期，全国人民在中国共产党的领导下，以极大的热情投入建设新中国的伟大创举。全国青年更以前所未有的忠诚，站在时代的前列。"甘为铺路石和螺丝钉"，成为当时青年人价值意识的主旋律。这当然与整个时代以忘我、奉献为特征的价值导向有密切相关。当时的青年在价值观上是充实的。但后来青年所扮演"时代尖兵"的角色，却可悲地被极"左"路线所利用。尤其在"文革"中，青年对个人价值实现的追求以其盲目的政治热情为外表，被引向了极端，整个社会的价值导向乃至个人的价值取向，都植根于以"阶级斗争为纲"错误指导思想之下。因此，随着"文革"的结束，青年人才猛然醒悟到自己实质追求的价值目标太虚幻了。严酷的现实使青年人不得不对自己过去的憧憬和追求，以及对自己所扮演的角色进行深刻的反思：这一切，到底有什么价值？随之也就产生了一种价值依托的危机感。改革开放40多年的实践，可以说最震撼人心的变化是当代价值体系的巨变。从思想解放运动、真理标准讨论、文化反思热、生产力标准争论到人的主体性的再认识等，始终贯穿着一种对既往一切神圣信条重新反省的批判精神。这种批判对主体价值的高扬，对建立起改革开放的意识无疑有

---

① 李瑜青. 人文精神问题的实质、运行和途径［J］. 上海大学学报（社会科学版），2000（06）：5-11.

着积极意义。但是，一种进步的文化现象不可能在每个社会现实维度上都产生积极的增量。对于缺乏历史感的许多当代青年来说，指望其从这种复杂的怀疑、反思、批判中做出明智的精神选择那是很困难的。相反，留下来的更多是一种无法实现价值皈依的迷茫与心灵冲突的焦灼不安。作为民族最敏感的神经，当代青年在感受到精神危机的极度伤痛时，他们便怀着失败的沉重与天生的反抗，义无反顾地逃出民族文化的家门，冲向当代世界五光十色的思想大街，寻找自己的精神家园。同时，社会转型期、市场经济的发展，也引起在价值观上诸多矛盾冲突。中国青年的这种文化状况，深深影响他们对人文精神问题的思考。这很容易迫使人们以西方文化模式作为最终参照系，并以西方文化为自己的发展指向，而对本土文化采取简单消极的态度，文化的生长表现为一种排内性的特征。人文精神的张扬当然就包含了对青年们健康、积极向上心灵的呼唤，激发他们对本民族传统和当代中国主体文化的热爱。而本文的研究在一定的意义上也可以说是完成这个历史使命感的重要组成部分，使我们看到中国传统儒学伦理文化所包含的人文精神的思想内容，与当代中国法治建设有着内在联系，我们面临着一个历史性的任务即建构有中国特色的法治文明。

第二章

中国传统儒学人文精神作为一个命题的形而上探讨

在一般意义上分析了人文精神的概念之后,我们就可以来讨论中国传统儒学人文精神这个概念。但这里涉及我们在什么意义上来理解传统儒学,在研究传统儒学时主张的方法论等问题,笔者认为在研究一个事物时,所研究的对象是客观存在的,但这个客观性又与主观的思想、观念交融于一起,使得对对象的分析或述说有着较多主观的成分,因此,所运用的思维工具的科学性和合理性,是特别要注意的。

一、从什么意义上理解传统儒学

这看似简单的问题,其实深入分析下去,学界的观点并不统一。我们的讨论有必要先从这个问题入手。一般地说,儒学是自孔子时开创的一种学问,它具有自身的一套学理系统和学理规模。在历史的发展中,它虽不断地变易其形式,经历了先秦儒学,两汉经学,宋明理学,当代新儒学等阶段,但万变乃有其规,其学说总以儒学义理为其立论基础和人生实践归属,并以儒学经典为其学问的主导,以孔子作为其圣人宗师。我们讨论的传统儒学,时间段来说主要是相对于新儒学而言。如有学者所说,现代新儒学主要是体现了新的时代条件下儒学的发展,它当然表现出了许多新的时代特征。① 但我们的研究，还主要从传统儒学中来发现对现代生活有价值的文化因素。

当然，既然我们从传统儒学入手讨论问题，在思想上也就预设了一个前提，即认为传统儒学在中国文化传统中曾具有主导地位，这种儒学文化在我们建设社会主义法治国家的条件下，仍然是具有积极意义的思想养料。一个国家的法治建设，离不开这个国家传统文化的支持，否则也就失去了民族精神之源。人是形而上的动物，思想观念的东西具有很强的历史传承性，我们不能忽略传统儒学文化这个在中国带有根本性的文化因素。

但当我们这样在论证问题的时候，又要注意不宜过高地拔高传统儒学。笔者注意到，对传统儒学的理解上有学者努力要捍卫其纯洁性，否认传统儒学的理论中存在宗法意识的思想成分，它在历史上曾经是中国封建社会的主流意识形态等问题。有学者做这样的论证：

儒学在历史上曾长期为封建统治者所利用，两千年来在中国乃至东亚一直充当主流意识形态，这不是它学理上的本质。因为道理很简单，封建社会出现以前，儒学已经存在，有的人将儒学的起源追溯到周公，由周公可以上溯到文王、箕子，甚至仍然可以上溯。即使孔子创立了儒学派，在中国大陆正统的史学家所界定的封建社会存在之前也已经存在。封建社会解体以后，儒学仍然有着自己的生命力，或者说今天在中国（包括港台等地）它仍然是活着的学术流派。可以预言在后工业时代，儒学还将存在。从横的向度讲，在经济发达、市场经济相对完善的国家，如新加坡、美国依然存在儒学。儒学是封建意识形态，最起码不能涵盖当代新儒学，也不能涵盖先秦原始儒学。作为充当封建意识形态角色的儒学，只是儒学在特定历史条件下为封建统治者所利用的某种特

---

① 李翔海. 民族性与时代性 [M]. 北京：人民出版社，2005：20-22.

殊的存在状态，是儒学发展中一个特殊阶段，并不能代表儒学的全部，也揭示不出儒学之所以作为儒学的本质。如果不将儒学从这样的角色认定中摆脱出来，我们就永远见不到真实的儒学，也难以把握儒学的本质。

基于如此这位学者指出要对儒学进行功能主义的解读：诚然，功能是学理的显用，不过功能不是学理本身。超越政治评判的向度，从学理本身解读儒学，可能是理解儒学的正路。当代大儒牟宗三先生认为儒学是内圣外王本末一贯之道。①"内圣外王"虽出自《庄子·天下》篇，但用之说明儒学十分恰当。"内圣"是内在的成就自己，"外王"是外在的成就事功，内圣为本，外王为末，本末一贯，不可偏废。这种说法超越了政治好恶，抓住了儒学的本质。

笔者认为，传统儒学作为一种思想文化现象，是不能与当时社会政治、经济条件相脱离的。只从功能主义的角度分析传统儒学之所用，不能说明传统儒学的本质。思想文化不是抽象的，它总是以自身特有的方式反映当时社会政治、经济的要求，并归根结底由当时社会物质生活条件做出证明。我们不能因为要强调儒学在当代中国社会生活中有着重要作用，就否认它在历史上实际的存在状况。这不是对事物一种科学分析的态度。其实很清楚，在近代以前由于没有异质文化作为参照系，儒学一直伴随着中国人的生活。中国人是在跨入近代，传统儒学文化面对西方文明冲击条件下，才开始自觉地思考自己的文明，开始思考传统儒学的。但由于种种原因当时的人们开始对儒学缺乏了信心。传统儒学作为一种文化，在当时与典型的农业文明而非商业或工业文明相联系。从政治上说，它也是与君权制度结合在一起的，传统儒学讨论的"天人合一"理论，"义利分辨"学说等也曾满足了当时封建社会的文化要求。

---

① 牟宗三，吴兴文. 道德的理想主义［M］. 长春：吉林出版集团有限责任公司，2010：1.

因此，成为当时中国社会主导的意识形态。但儒学文化在历史上的发生和存在，既有封建社会特有的作为时代烙印的文化成分，又有作为人类普遍性的优秀成分。一个民族的文化是一个不断传承和发展的过程。正是在这样的意义上，研究传统儒学文化对我们今天有了特别的价值。

另外，在理解传统儒学这个研究对象上还涉及方法论问题。因为对象既是客观存在的，同时也是主观设定的。方法不对，视角错误，我们就不能很好地掌握研究的对象。在关于传统儒学研究上存在不同的观点，如全盘西化论，这属于"自由主义"和某些激进主义者的观点；回归传统论，这属于东方文化派和某些保守主义者的观点；综合创新论，这属于马克思主义和一些赞同马克思理论的学者的观点。[1] 这个争论可以说自1919年"五四"以来就发生了。而有趣的是在中国进入20世纪末的时候，由于中国改革开放的发展，这样的学术观点被重新再次提起。

笔者不具体讨论这三种观点的孰是孰非，但认为必须看到儒学思想在中国历经几千年的发展，这不会是偶然的，其中肯定带有普遍性，恒久性的因素。主张传统儒学的回归，当然是过于保守的观点，它不能正确地处理思想观念与时代发展的相互关系。但综合创新不能是空穴来风，必须强调所讨论的对象在内容上是作为主干性因素的存在。

毫无疑义，在构建当代中国法治文明形态时，我们不应割裂历史而抛弃传统儒学已提供给我们的思想养料。当然，这样做我们就要对传统儒学进行解构，超出传统儒学思想结构，与西方现代文明积极对话，做出批判分析和选择。这种综合创新应该是一个扬弃的过程，即对传统儒学进行批判地改造，和当代其他的先进思想文化积极交流，根据社会发展要求在为实现中国法治文明的时代更新中，进行历史的超越和自身的

---

[1] 刘文英. 儒家文明：传统与传统的超越 [M]. 天津：南开大学出版社，1999：15.

<<< 第二章 中国传统儒学人文精神作为一个命题的形而上探讨

超越。

二、作为传统儒学人文精神载体的伦理文化分析

我们还要讨论传统儒学人文精神的文化载体问题。正如西方的人文精神思想主要以人文主义作为其自己的理论形态，中国传统儒学人文精神也有其自己的理论形态，即传统儒学的伦理文化。

传统儒学是一种伦理文化，这是学界的通说。有学者对儒学文化的伦理性做了颇有意思的论证，即认为可以从三个方面做出说明。[①] 其一，伦理道德构成中国传统文化的核心价值。表现儒学道德理想主义的"三纲八目"，体现儒学伦理中心主义的"三纲五常"，在古代社会发挥着整合国人人心秩序和社会秩序互相关联的作用。而进入近代社会，人们试图告别古典历史，也恰恰是从"吾人之最后觉悟是伦理的觉悟"这一角度来诀别传统文化的。其二，就中国传统的制度安排来讲，伦理化是其基本取向。政治上的守法制度，经济上的平均格局，法律的儒学化，教育的忠诚至上等制度取向，都以其伦理化来显示出它们的制度特质。其三，就中国传统的社会生活实际状态而言，伦理道德也成为一种支配性的力量，人们的日常思想与行为方式，都是由伦理关系所决定的。就宗法社会讲，"辈分秩序"具有决定性作用。就人际关系调节而言，"中庸"起着基本的指引作用。就解决冲突的方式看，"无讼"成为人们追求的境界。就理想的社会状态说，"大同"成为人们的认同目标。这些都是伦理的东西。

我们讨论中国传统儒学人文精神，必须要分析研究其伦理文化，并从中分析体现的人文精神问题。从具体的成分上说，学界一般都赞成这

---

① 任剑涛. 道德理想主义与伦理中心主义 [M]. 北京：东方出版社，2003：11-13.

样的观点，传统儒学伦理学说具有两个相互联系又有区别的发展路向，即道德理想主义和道德中心主义。① 道德理想主义指向的是人的个体心性世界，强调人的个体道德行为、思想境界、价值观念的选择、提升和勾画。而道德中心主义指向的是社会政治生活秩序、强调以伦理的方法对社会政治、生活秩序问题的信守和维持。但笔者认为不能把道德理想主义和道德中心主义截然地相隔离，不能过高地评价道德理想主义，把道德理想主义看作具有永恒价值，而忽视道德理想主义其实与道德中心主义紧紧相连，仍然有着特定时代的文化内涵。

我们从道德理想主义涉及的一些道德信条列举一二可以看到这一点。如"忠"的范畴，指对君主和社稷或自己为之谋事的人要出自内心地为其尽心竭力，一心不二。忠字与心相连，构成心意的意思，但儒学伦理中经常在君臣关系上用"忠"的范畴。董仲舒把"君为臣纲"，说成是"三纲"之首。后来的儒学思想家对"忠"做了进一步阐述，解释为"君要臣死，臣不得不死，臣不死为不忠"。"孝"作为一种道德规范，它强调的是晚辈对前辈，尤其是子女对父母的敬爱和顺从的心意。《论语·学而》记述孔子的话："其为人也孝悌，而好犯上者，鲜也。"不犯上便是敬爱，无违便是顺从。因此尽心孝奉和绝对服从父母，便是"孝道"。如此的这些道德规范，是儒家学说基本的道德要求，用于调节人际关系。但这种道德规范强调的是行为自律，因此偏重人伦，又与内倾修为相联系。内倾修为强调人的自我修养道德，自我修养把人们的注意力单纯地引向德行。这些当然有着时代留下的痕迹，是传统儒学人文精神的重要思想养料。

由于道德中心主义关注社会政治、生活秩序问题，我们一般把这看作制度伦理问题。儒学制度伦理是和道德理想主义交织在一起去实现对

---

① 任剑涛. 道德理想主义与伦理中心主义 [M]. 北京：东方出版社，2003：12.

社会的控制和约束。因此,道德中心主义就有了自身的特点。

其一,以"孝""亲"等个人品质作为社会秩序的基本原则。传统儒学之所以从社会秩序层面对孝悌加以强调,因为传统儒学认为"其为人也孝悌,而好犯上者,鲜矣;不好犯上,而好作乱者,未之有也",所以"君子务本,本立而道生。孝悌也者,其为仁之本与!"(《论语·学而》)而且,"弟子入则孝,出则悌,谨而信,泛爱众,而亲仁。"(《伦语·学而》)"孝""亲"是相互联系的。孟子说:"事,孰为大?事亲为大。守,孰为大?守身为大。""事亲,事之本也!守身,守之本也!"(《孟子·离娄上》)他把社会秩序的差等序列说得很明确:"君子之于物也,爱之而弗仁;于民也,仁之而弗亲。亲亲而仁民,仁民而爱物。"(《孟子·尽心上》)而且明确说:"天下之本在国,国之本在家,家之本在身。"(《孟子·离娄上》)把一国的制度性规范、一家的亲情伦理和个人的德行与操守通过"孝"与"亲"连成一个整体。儒家表达修身、齐家、治国、平天下所谓的"内圣外王"之道,就是这种思维的逻辑展开。《大学》说:"孝者,所以事君也。弟者,所以事长也。慈者,所以使众也。""一家仁,一国兴仁;一家让,一国兴让;一人贪戾,一国作乱。"《中庸》说:"仁者,人也,亲亲为大。义者,宜也,尊贤为大。亲亲之杀,尊贤之等,礼所生也。""亲亲"和"尊贤"作为"礼"的重点关注对象。

其二,强调君主要具有绝对的道德权威性或自律性。孔子就说:"为政以德,譬如北辰,居其所而众星共之。"(《论语·为政》)"政者,正也。子帅以正,孰敢不正?"(《论语·颜渊》)"其身正,不令而行,其身不正,虽令不从。"(《论语·子路》)孟子认为国君自身的道德品质和道德境界是实行"仁政"的基础和前提。圣人之所以为圣人,就是因为其受天之大德。《中庸》说:"舜其大孝也与!德为圣人,尊为天子,富有四海之内。宗庙飨之,子孙保之。故大德,必得其位,必得其禄，必得其名，必得其寿。……故大德者，必受命。"这种以德治国思想为传统儒学所延续。《大学》："所谓平天下，在治其国者，上老老，而民兴孝；上长长，而民兴弟；上恤弧，而民不倍。"《中庸》："非天子，不议礼，不制度，不考文。今天下，车同轨，书同文，行同伦，虽有其位，苟无其德，不敢作礼乐焉；虽有其德，苟无其位，亦不敢作礼乐焉。"

其三，对礼制的张扬。"德"在具体的行为关系中就表现为"礼"。礼最初是作为祭神的宗教仪式而存在的。按照儒家的思维方式，具有大德的国家治理者，是受命于天，因此"祭神拜天"既是一种身份确认，又是在表达一种社会的秩序。但后来就成为与身份相应的等级制度的规范。如在君臣关系上，儒学主张"君使臣以礼，臣事君以忠"（《论语·八佾篇》）。孟子说："君之视臣如手足，则臣视君如腹心；君之视臣如犬马，则臣视君如国人；君之视臣如土芥，则臣视君如寇雠。"（《孟子·离娄上》）这里虽然讲的是相互对待关系，但这种关系是不平等的。此外，在对各阶层、各利益集团的对待原则与处理方式上，也是根据各自身份地位的不同而有所不同："凡为天下国家有九经，曰：修身也，尊贤也，亲亲也，敬大臣也，体群臣也，子庶民也，来百工也，柔远人也，怀诸侯也。"（《礼记·中庸》）以"礼"为核心的制度伦理构成传统儒学伦理文化重要部分。

三、传统儒学人文精神的形而上思考

人文精神的研究涉及对中国传统儒学人文精神的评价。但如前面所说，有学者认为，中国没有所谓人文精神的传统，并主张将西方的文化传统作为人文精神文化的唯一标准。笔者并不赞成这种观点。因此，我们研究人文精神问题时，有必要对中国传统儒学人文精神问题做出说明。

　　笔者认为，否认中国存在人文精神传统的观点在方法论上，是简单将西方的文化传统作为唯一标准并以此来衡量或评价中国文化。人文精神在西方的存在，与西方近代人文主义思潮主张如反对宗教神学的束缚，提倡世俗感性的生活和个人的自由等文化理念相联系，而这些文化理念在中国传统文化中则有不同的表现，因此，他们就认为中国没有人文精神的传统。

　　其实，这种观点把问题看简单了。如前所说人文精神的概念属于道德的范畴，这个范畴包含着丰富的内容，但从最为本质的意义上来说人文精神是要反映人们对自身的价值的肯定和张扬。这是其核心的成分，而其他的成分由于不同国家在地理环境、历史条件、时代背景、文化境遇等方面的差异，会有很大的区别。因此，我们在注意人文精神包含的一般规定性的同时，必须要看到它在各个国家具体表现出来的特殊性。正是在这个意义上，中国传统的人文精神的具体特点与西方人文精神会存在明显的差异。我们并不否定可以将中国传统的人文精神与西方的人文精神进行比较，并得出某些有启发性的结论。有时，为了讨论的方便，也可以将西方文化的表现当成参照系来检验中国文化的成分和性质。但当我们这样来处理问题时，切不可将西方文化视为唯一真理，把其中某些非核心的成分绝对化。

　　相对照人文精神概念的核心成分，我们说中国不仅有着深厚的人文精神传统，而且中国文化的根本特性就是它的人文精神。从人文立场思考问题是传统儒学伦理文化属于人文精神思想传统的重要根据。有人说中国文化是一种世俗文化，反映的就是这种观点。作为人文精神思想的理论形态的人文主义在西方经历的是一个对宗教神学统治地位的批判过程，而中国文化则自始至终是以"人"为中心，关心人的生存境遇，关注人格的自我完善。中国人也有鬼神的观念，但鬼神的存在仅仅是为了祈福于人类,不具有印度文化和基督教文化中那种本体和超越的意义。所以,中国人对现世生活的关注远远超过对来世生活的关注。① 孔子说:"未能事人,焉能事鬼?"(《论语·先进》)作为中国传统思想最有代表性的儒学文化,其思想的核心问题就是思考人如何才能成为正人君子。从这个意义上,中国文化与西方文化相比更具鲜明的人文主义色彩。如果我们以人文主义最具普遍性的意义,即人文精神是要反映人们对自身价值的肯定和张扬,中国传统儒学文化对人的世俗生活的关注,肯定人现世生活是最为有意义的,这种观点就内涵了具有人文精神的因素。②

传统儒教伦理文化体现人文精神的另一个重要根据在于其学说表现的道德主义理想。笔者注意到学界就"仁""礼"两个范畴何者为孔子思想的中心范畴仍有分歧,③ 但有一点是可以认定的,"仁"的范畴更标志着传统儒学人文的性质。当然,传统儒学"仁"的思想有一个逻辑的发展过程。④ 孔子指出"仁"即"爱人",主要有两层含义,其一,强调人与其他物类的关系上,人是更为重要的;其二,在人与人的相互关系上应当相互尊重和友爱。"仁爱"思想在孔子那里主要是以血亲之爱为基础并引申开展的,"孝悌"成为人与人之间仁爱关系的基础。这表现为普遍的爱人之仁与自然情感的联系。然而,孔子的仁爱理论存在着"仁"和"礼"的紧张⑤,孔子维护"克己复礼"为"仁"的观念,所谓"礼"即当时旧周朝的亲亲、尊尊的宗法等级原则。这

---

① 李之喆. 中国传统人文精神及其特征 [J]. 上海大学学报(社会科学版), 2001 (06): 10-16.
② 李之喆. 中国传统人文精神及其特征 [J]. 上海大学学报(社会科学版), 2001 (06): 10-16.
③ 朱伯昆. 先秦伦理学概论 [M]. 北京: 北京大学出版社, 1984: 12-13.
④ 陈卫平. 论儒家人道原则的历史演进 [J]. 浙江社会科学, 1998 (04): 92-97.
⑤ 陈卫平. 论儒家人道原则的历史演进 [J]. 浙江社会科学, 1998 (04): 92-97.

种宗法等级原则深入于仁者爱人的思想之中,强调根据血缘的亲疏和等级的尊卑应实行不同的仁爱。

在消解孔子仁爱思想矛盾上,孟子着重发展孔子"仁"的学说,他以性善论为基础,强调仁政的重要性,"民为贵,社稷次之,君为轻"(《孟子·尽心下》)提出仁义就在于要把人们内心自然情感唤醒,从自发变为自觉,使人道原则与自愿相联系[1]。荀子则发展了孔子"礼"的学说,他主张摄法入礼,以性恶论为基础,把"礼"解释为控制和制约人的法和伦理总纲。儒家的人道原则在后来的发展是通过与神学的冲突、调和曲折展开的。董仲舒的儒学以"天人感应"为轴心,皆在论证封建秩序出于天道,但他借助这种神秘的天意理论来主张孔子的仁学思想。宋明理学是儒学的重振,它在佛道神学弥漫的情况下,以天理为最高的宗旨,它的天理以"人道"为内涵,所谓"存天理"的题中之意就是肯定人有高于自然的价值。但孔孟的"仁"本较多注意人际关系的和谐(民胞),而理学之"仁"则更注重人与天、自然的和谐(物与),这使得儒学的人道原则在理学中有了更为宽广的意义。同时也使它朝着反人道的方向走去[2]。

当然文化从本质上并不是抽象的,它是现实经济、政治的反映并为现实经济、政治服务。在中国封建小农经济和专制制度的土壤里,中国传统文化在当时打上了封建专制主义的烙印,其中突出表现在,把传统文化的道德内容赋予以"三纲五常"的含义。仁的内涵"仁爱",被"忠"和"孝"所取代,道德最初的平等性被异化,转化为单项"君要臣死,臣不得不死,父要子亡,子不得不亡"的文化要求。但在近代,随着中国社会发展的时代课题的转换,即人们开始由关注社会秩序转向关注现代化的富国强兵,也就逐渐形成了新的文化价值坐标体系,以

---

[1] 陈卫平. 论儒家人道原则的历史演进 [J]. 浙江社会科学, 1998 (04): 92-97.
[2] 陈卫平. 论儒家人道原则的历史演进 [J]. 浙江社会科学, 1998 (04): 92-97.

"民主、科学"为核心的新文化运动，公开提出打倒"孔家店"、废除"三纲五常"旧道德口号，使中国传统文化强调内修的道德精神得到了新的发展。

传统儒学伦理文化体现人文精神的第三个根据在于提出以成"仁"之道为基础的理想人格和修养。有学者把成"仁"之道说成积极和消极的两个方面。积极的方面："夫仁者，己欲立而立人，己欲达而达人。"（《论语·雍也》）宋儒概括为"推己及人"。消极方面："己所不欲，勿施于人。"（《论语·颜渊》）① 以成"仁"之道为基础，传统儒学考量了理想人格问题。儒学的最高理想人格是"圣人"。相比较"圣人"的是"君子"，"君子"是更具有现实意义的理想人格。因为虽然儒家一直持"人人皆可以为尧舜"的观点，但圣人的标准是那样的高不可攀，使得成为圣人实际上很困难。更何况"圣人"与"君子"的最大区别在于"圣人"不仅要有高尚的道德修养，还有事功的要求。而"君子"对人仅指一种内在的素养。所以，虽然"君子"的地位要低于"圣人"，但"君子"的概念在中国人的理想人格中具有更实际的意义。在中国历史上，没有几个人以"圣人"自许，但成为一个"君子"却是读书人的目标。

"君子"这个理想人格有其自身的特点。孔子的一句话最能代表"君子"的本质："君子不器。"（《论语·为政》）"器者，各适其用，而不能相通。成德之士，体无不具，故用无不周，非特为一才一艺而已。"（《朱熹集注》）朱熹的见解极为准确。君子虽有"一才一艺"，但不能局限于"一才一艺"。孔子本人就是一位好学之士，他从来不鄙视这"一才一艺"。孔子对当时传下的各种古文化均有深入的研究。他整理了"诗、书、礼、乐、易、春秋"，使其得以留传；他以"礼、

---

① 万俊人．儒家人文精神的传统本色与现代意义——试以先秦儒家伦理为例：一种比较阐释 [J]．浙江社会科学，1998（01）：91-98．

乐、射、御、数、书"六艺授人，培养了一大批的人才；他好学不倦，《论语》记述了不少孔子问礼的故事。孔子甚至不隐瞒其少执贱的事情，所以称其为"多能"。但如果一个人只有"一才一艺"，他就不能被称之为"君子"。"君子"就意味着人的全面发展。他应该具有各方面的知识，尤其要有很好的古文化修养，而不仅仅是某方面的专业知识，故达巷党人赞孔子："大哉孔子！博学而无所成名。"（《论语·子罕》）他应该要有高尚的品德，同时又要有高雅的趣味，要有很高的鉴赏力。孔子说："质胜文则野，文胜质则史。文质彬彬，然后君子。"（《论语·雍也》）所以，全面发展的人就是"君子不器"的意义。列文森用"业余风格"一词形容儒家的这种君子人格，并将其作为儒家人文主义的根本表现。这种"业余风格"不是说他们对所有喜好的事物不甚了解，相反，他们对各种喜好有很深的造诣。列文森认为，这种价值取向是一种和现代社会专业化要求相对立的全面性与均衡性，是和现代社会的工具理性和专业化的趋势相对立的。所以，这种人的全面性和均衡性就是自由。它体现了追求人的完善而不局限于某一方面的趋向；它体现了人是目的，而非工具的思想。显然，全面与均衡，就是中国人追索自由的体现。这种自由，就是人文精神的本质。

如上所述，中国存在着深厚的人文精神传统。中国人文精神的一些表现，由于其自身历史的发展，与西方存在着差别。如西方人文精神的一个重要方面就是反对宗教神学（严格意义上说，是反对宗教神学的独霸地位）。这是因为欧洲中世纪神学居统治地位，人文精神在文艺复兴时期是作为对神学的反对者出现的。而中国不存在这样一个神学占统治地位的时期，中国的人文精神怎么可能表现为对神学的反对呢？我们又怎么能因为中国传统人文精神没有这方面的表现而西方有这方面的表现就认定中国没有人文精神的传统呢？

在否认中国存在人文精神传统的观点中，最有代表性的观点就是认为中国长期的封建社会致使中国缺乏个人自由与人格独立。这种观点又可分为两类：第一，认为长期的封建社会窒息了人的个性，限制了人的自由。第二，认为中国传统文化是建立在宗法制度基础上的。这种文化强调人的群体性、社会性，泯灭人的个性，忽视个人的自由。所以，中国没有西方意义上的那种人文精神或人文主义。

针对第一种见解，笔者认为，中国长期的专制统治是不争的事实，但政治制度与社会价值取向及人格理想并不存在一一对应的关系。社会价值取向往往是超越政治制度的。意大利文艺复兴时期的政治现实是大小暴君横行时期，而提倡理性与个性自由的启蒙时代也是欧洲封建专制制度鼎盛之时。资本主义国家的人们不也正在批判技术文明对人的自由的压抑吗？中国的专制制度不能够泯灭中国的人文精神，相反，在专制统治下，中国人正是通过对人文精神的追求展示人的完善与自由。而且，中国人文精神的传统也缓和了专制统治的程度。

针对第二种观点，笔者认为，我们在学术研究中不能犯形而上学的错误。似乎西方的个人主义就等于西方人完全看不到人的社会性、群体性；似乎中国人对人的社会性的重视就等于中国人完全否定了个体生存的意义。中国传统文化确实强调人的社会属性，同时中国文化中也有着丰富的对独立人格和个人自由追求的思想。儒家强调每个人的意志自由。每个人都可以通过自身的道德修养和学习以达到人格完善的境地。儒家虽然推崇"圣人""君子"的个人修养境界，但认为，这样的自由意志不仅仅存在于"圣人"与"君子"之间，而是存在于每个人身上。"人人皆可为尧舜"是儒家一贯并重的思想。孔子的"性相近也，习相远也"（《论语·阳货》），孟子的"性善说""良知、良能"都为这种自由奠定了普遍主义和个人主义的基础。儒家对这种自由意志的力量给予高度的推崇。孔子说："三军可夺帅，匹夫不可夺志。""志士仁人，无求生以害仁，有杀身以成仁。"（《论语·卫灵公》）孟子则将其形容成一股至刚至大的浩然之气,并有"富贵不能淫、威武不以屈、贫贱不能移"的论述,表达了自由意志克服一切阻碍的决心与力量。并且,儒家追求自身人格完善的过程本质上也是个人性质的。"古之学者为己,今之学者为人。"(《论语·宪问》)"君子求诸己,小人求诸人。"(《论语·卫灵公》)孟子的"尽心知性",而王阳明的"心学"则将这样的思想发挥到了极致,这些都表明儒学把"自我"作为自我完善的最终根据。

  我们不否认中国传统儒学伦理文化中,有反映宗法色彩的因素,但同样又体现了人文精神。这主要表现在其学说典型的世俗主义特点,强调人格理想的可见性。因此,在"圣人"和"君子"的讨论中,孔子就指出:"圣人,吾不得而见之矣;得见君子者,斯可矣。"(《论语·述而》)另外,人虽然有境界等级之分,但经过后天的努力可以改变自身。"性相近也,习相远也"(《论语·阳货》)"圣人与我同类""人人皆可为尧舜",体现了传统儒学中的具有普遍意义的人文精神的价值。

第三章

中国传统儒学人文精神的特点和主要思想观点

如上所述，人文精神不只是一种思想的倾向，它总和历史上某种理论、学说相联系，这在西方主要就是人文主义（人本主义）的理论。而传统儒学人文精神主要反映在儒学伦理学说中。我们要研究中国传统儒学人文精神对中国法治建设的意义和价值，就有必要研究儒学人文精神的思想特点和主要观点。做这样的分析，我们从比较的角度入手，先来分析西方历史上的人文主义理论的发展及现代西方人本思潮学说在人学理论上的特点。

一、西方人文主义与人文精神

（一）西方传统人文主义与人文精神

人文主义一词的英文表达为 Humanism。据考证，Humanism 一词在西方古代并未出现过。对于这个词的思想渊源和演变，有学者把它概括为四个时期，且有四种不同的称呼和含义。① 但笔者认为，它们其实并不是相互分离的，只是由于学科的不同以不同的方式加以表达而已。从

---

① 杨寿堪. 人文主义：传统与现代 [J]. 北京师范大学学报（人文社会科学版），2001 (05)：92-98.

真正的意义上说，人文主义应当与西方中世纪后期以意大利为中心并很快波及整个欧洲的文艺复兴运动相联系，是体现了这一运动的一种思想观点或理论倾向。当时文艺复兴的思想家反对中世纪神学，不再研究神学的学问，而是把注意力转向如古代语言学、修辞学、逻辑学、文学、艺术学等学问。这些学问在当时是被称为区别于神学科目的人文学科，从事这些学科研究的学者被称为人文主义者。但从事这些学科研究的学者在研究中把人和人的价值放在首位，崇尚人的理性，提倡人的尊严和权利，注重人的需求和物质利益。在文艺复兴时期最早反映这些观点的是一些诗人、文学家、艺术家等。如诗人但丁在《神曲》中就说："我实实在在敢说，人的高贵，就其许许多多的成果而言，超过天使的高贵。[①]"欧洲人文主义之父彼特拉克："我自己是凡人，我只要求凡人的幸福。[②]"薄伽丘的短篇小说《十日谈》通过讲故事的形式塑造了商人、手工业者、农民、高利贷者等不同身份、不同等级的人物形象，反映了人世间感性生活的丰富多彩。莎士比亚则通过戏剧《哈姆雷特》告诫世人：人是一个什么样的杰作呀！人的理性多么高贵！人的能力无穷无尽！人的仪表和举止多么恰到好处，令人惊叹！人的活动多么像一个天使！人的洞察力多么宛如神明！人是世界的美！动物的完善的典型。

这些诗人、作家或艺术家们通过这种直接、生动的感性话语，鞭挞神学对人性的禁锢以及强调人的尊严和权利的正当性，但就思想的层面而言，主要还是感悟性的，没有达到哲学理论的思维高度。正是在这个意义上，在后来的发展中有了培根、笛卡儿、康德、费尔巴哈等学者在

[①] 北京大学西语系资料组. 从文艺复兴到19世纪资产阶级文学家艺术家有关人道主义人性论言论选辑［M］. 北京：商务印书馆，1971：3-4.
[②] 北京大学西语系资料组. 从文艺复兴到19世纪资产阶级文学家艺术家有关人道主义人性论言论选辑［M］. 北京：商务印书馆，1971：11.

理论发展上的价值。当时一些进步的哲学家们把人文主义的思想运用于学说体系中，如近代哲学的创始人笛卡儿"我思故我在"的命题在表达人文主义思想主张上就有其独特性，他倡导人的理性权威，并要求以理性对过去和现有的一切观念进行普遍的怀疑。他说："决不把任何我没有明确地认识其为真的东西当作真的加以接受，……只把那些十分清楚明白地呈现在我的心智之前，使我根本无法怀疑的东西放进我的判断之中。①"他以这种人文主义精神为基础，以唯理论的认识论作为他的哲学原则，建立起了一个二元论的哲学体系。当然，这种人文主义精神也体现在德国古典哲学中，康德正是在这个基点上，形成了批判哲学体系。他认为，"理性批判"是当时的时代精神，一切都应经受时代检验，即使神圣的宗教、法律也不例外。康德所说的"理性批判"，不仅认为必须施用于一切事物，而且必须施用于理性自身，即理性还必须进行自我批判，以求得理性对自身的"自知之明"。由此，康德清算了哲学上的独断论，企图建构起新的形而上学。

而在这样的条件下还形成了近代哲学上的人文主义理论，哲学上的"人文主义"在我国学术界多用"人本主义"概念来表述。人本主义泛指直接从人本身出发，研究人的本质及人与自然的关系，并强调人的地位、作用及价值的一般学说。近代英国的培根、洛克，法国的狄德罗、爱尔维修、卢梭，德国的费尔巴哈等人就是近代人本主义的主要代表，人们还把这种理论的发展向后追溯，与古希腊智者学派代表普罗塔戈拉"人是万物尺度"的命题相联系，使其作为人文主义哲学思想的渊源。而德国的费尔巴哈则是第一个明确称其学说为人本主义，且自觉地形成了近代人本主义哲学体系。他明确规定："新哲学将人连同作为人的基

---

① 北京大学哲学系外国哲学史教研室.西方哲学原著选读（上卷）[M].北京：商务印书馆，1987：364.

础的自然当作哲学唯一的、普遍的、最高的对象。①"他坚信人的理性的力量,坚持世界的可知性,企图建立科学的知识王国,在对人的理解上,他用自然主义的方法指出人不是某种神秘的精神力量的产物,而是自然界的产物,是自然界的一部分,人的主要本质是他的自然属性,即生物性和生理性的属性。他用这种观点还阐明了宗教和思辨哲学的本质。后来的车尔尼雪夫斯基的哲学人本主义,坚持了费尔巴哈的基本观点。西方传统人文主义构成当时时代人文精神的重要思想养料。

(二)现代西方人本思潮与传统人本主义的比较研究

可以认为,现代西方人本思潮与传统人本主义有着内在的思想联系。一般来说,现代西方人本思潮肇始于19世纪中叶,主要包括以叔本华、尼采为代表的唯意志论,以狄尔泰、柏格森为代表的生命哲学,以海德格尔、雅斯贝斯、萨特为代表的存在主义以及弗洛伊德的精神分析学派、社会批判理论的法兰克福学派等诸多学派。实用主义由于其理论的特殊性,往往把它也归入人本思潮的范畴。就哲学研究的方向而言,现代西方人本思潮认为,哲学研究应当突破传统模式,应由以往所强调的对外部世界的研究转向对人本身的内在结构的研究;由倡导感觉经验或理性思维的可靠性转向肯定人的内在的心理体验和非理性的直觉;由对普遍人性,即人类共同本性以及普遍的自由、平等、博爱的颂扬转向对个人的独特个性、生命、本能的强调。这就要求冲破以往哲学家用普遍的、绝对的理性概念编织的束缚人的独特的生存和个性的罗网,恢复和维护人的本真的存在,发现和发挥人的内在的生命力和创造力。现代西方人本思潮突出了人的行为、情感体验、理解等这些主体活

---

① 费尔巴哈.费尔巴哈哲学选集(上卷)[M].荣震华,李金山,等,译.北京:商务印书馆,1984:184.

动的中介。因此,毫无疑问,它反映了当代哲学走向的理论逻辑。但我们在这里的研究,是想探讨一下与传统哲学人本主义相比,现代西方人本思潮具有什么特征。应当说,现代西方人本思潮与传统人本主义在哲学形态上的表现有什么不同。我们从以下几个方面来分析。

1. 以自然为本体与以人为本体的不同

传统哲学的人本主义,倡导从人本身出发研究自然,主张建立"科学的人的王国",而对人的理解,是把人看作世界的一个对象或客体,以某种精神或物质的实体为基点来加以说明。而现代西方人本思潮则反对对自然的研究,认为哲学只研究人,他们把人的存在提到本体的高度,主张建立一种以人为中心的本体论,而对人的理解,则竭力排斥做自然主义和理性主义的解释,认为人即孤立的个人,其真实的存在及本质是情感意志和心理体验等,是超出物质和精神意识的存在之外的。

传统哲学人本主义在认知的前提下,着重从人与世界本体的关系考察人,哲学家们把人看作自然的一部分,把人消融于世界实体之中,服从于本体世界的必然性。传统人本主义形成这样的观点,是与它归根结底属于传统哲学体系分不开的。传统哲学从总体上说,它的主要兴趣集中在知识问题上,把对自然的征服和获得对世界的终极知识当作自己的首要任务。在哲学理论上,他们相信万物本源的存在,企图通过人的理性的力量来解决哲学的本原问题并作为解决其他理论问题的基础。有的学者曾指出,古希腊人本主义思想是沿着两个方向发展的:一是研究人的精神自我,从苏格拉底起,中经柏拉图,直到斯多葛学派,他们根据人的意识活动,通过审视人的生活状态来洞察人的特征,认为只有放弃原有的经验性的、感性的东西,去认识理性知识,人才能使自己的行为正确,成为自己的主人;二是从唯物主义自然观出发研究人,由德谟克利特到伊壁鸠鲁,再发展到卢克莱修,他们认为人是由原子组成的,试图把人与自然统一起来,克服苏格拉底等对人的唯心主义认识,但他们把人的本性最终还原为自然的本性。① 这个分析基本上是符合历史的，但我们必须看到这样的特点，无论哪一个方向，无论是唯心主义还是唯物主义，都确定从世界的本体出发来说明问题。到了近代也是这样。18世纪唯物主义者，他们在否定精神实体的同时，却表现出把人和自然等同起来的倾向。他们认为，物质世界是本体的存在，对人的认识就是对自然的一个部分的认识，认识了自然也就认识了人，人的本性就是自然本质，人的权利就是自然权利。如霍尔巴赫的学说就是这样，他在对自然的本质及其运动规律做了说明之后，提出对人自身的认识问题，他提出的任务是，把自然的一般法则运用于人自身的研究上，考察人是否按照自然的法则活动，探究人的灵魂是什么，他的结论是，人在自然中没有特权的地位，人的灵魂是我们身体的一部分，是我们能够进行思维的大脑，因此，灵魂是不能和肉体分开的，它是肉体的一部分，它完全服从于肉体的运动，人的一切活动都服从于自然的必然性。费尔巴哈把人当作哲学的核心，他说："新哲学将人连同作为人的基础和自然当作哲学唯一的、普遍的、最高的对象。"② 但他在其著作中，反复强调的是，人不是某种神秘力量的产物，而是自然的产物，人不是自然界的主宰者，而是自然界的一部分。他从自然、本体来说明人的存在。

现代西方人本思潮则相反，它反对像传统人本主义那样去研究自然，从某种精神或物质的实体出发解释人们的存在，而是把人的存在提到本体的高度，强调人由自身说明自身。叔本华、尼采哲学的主要特征是非理性的唯意志论，他们把人看作世界的核心，把人的本质归结为生存意志或权力意志，进而推论出整个世界的本质也是意志，世界是意志

---

① 杨廷久. 西方传统人学理论的内在发展逻辑及其特征 [J]. 北京师范大学学报（社会科学版），1993（05）：65-71.
② 费尔巴哈. 费尔巴哈哲学选集（上卷）[M]. 荣震华，李金山，等，译. 北京：商务印书馆，1984：184.

的世界。因此，叔本华说，世界上"所有的观念、所有的客体，是现象的存在，唯有意志是自在之物"，"意志是世界的物自体，是世界的内在内容，是世界的本质；生命、可见的世界、现象只不过是意志的镜子。①"尼采也说："这个世界就是权力意志——岂有他哉！②"生命哲学继承并修改了这种唯意志论，它把生命现象神秘化、绝对化。它认为人的生命冲动创造了整个世界，因而生命冲动对万事万物是最为本质的，这种生命冲动本身既不是物质，也不是一般的精神，而是一种纯粹的创造力，柏格森称其为"生命之流"或"绵延"。存在主义同样把人当作非理性的人，主张通过解释人来说明世界，但赋予这种本体论以新的含义，即它不把人与世界的关系看作是派生与被派生的关系，而主张用人的存在解释世界的存在并赋予后者以意义。他们认为，物质的存在是消极的、凝固的，本身没有意义，它的意义纯属主体所给予的，离开了主体的人，世界有即是无，他们哲学的注意力集中于描述孤立的个体的存在及体验。因此，华尔指出："存在主义企图不求助于超人，也不求助于低于人类的东西，而只是在人的地位中去把握人的性质。"③ 存在哲学家海德格尔用 Dasien（此在）表示人的存在，他认为 Dasein 是一切存在物的本体，一切存在物依赖 Dasein 的存在而存在。但 Dasein 开始是一个被抛入世界的无本质的纯粹存在，而它一旦进入了世界投入于存在之后，便开始展现出自己的本质，有了自己活动的场所及与他人的关系，他强调对人的存在做现象学的分析。萨特则用"存在先于本质"的命题说明同样的道理。所谓"存在先于本质"，就是说人的存在先于人的本质。萨特认为，这个命题从宇宙学上解释就是说，人之初是

---

① 洪谦. 现代西方资产阶级哲学论著选辑 [M]. 北京：商务印书馆，1964: 12.
② 洪谦. 现代西方资产阶级哲学论著选辑 [M]. 北京：商务印书馆，1964: 24.
③ 华尔. 存在哲学 [M]. 翁绍军，译. 北京：生活·读书·新知三联书店，1987: 137.

空无所有,人是由后来自己规定自身的。因此,他说:"人首先是一种把自己推向未来的存在物,并且意识到自己把自己想象为未来的存在。人一开始就是自觉性的设计图,而不是一片青苔、一堆垃圾、一朵菜花,在这幅设计图前并没有任何东西存在。"①"人就是由自己所造成的东西,这就是存在主义的第一原理。"②

2. 人学研究上求共性与强调个体的不同

传统人本主义从知识论出发,对人的存在所解释的方法自然与对世界实体所解释的方法是一致的,即要求得某种共性的东西,因此,是本质主义的。而现代西方人本思潮就主要方面来说,则不承认世界有所谓的设定为共性的东西,而强调人的个体性,在个体的自我中寻找个人人格的完整。

传统人本主义把哲学锚在知识论的研究,其结果必然是对世界的万物,包括对人的存在做本质的探讨。人本思想在古希腊形成,与古希腊这个社会特点有深刻的关系。古希腊社会通过梭伦变法和后来的一系列社会变革,建立了城邦制,其工商业的繁荣、航海贸易的频繁,几乎完全摧毁了古希腊家族社会的血亲温情和世袭组织,打碎了血缘宗法关系的桎梏,因而在思想上呈现出以个人为中心的特点。这种思想观点,首先由智者学派的理论反映出,但由于受传统哲学思维模式的影响,智者学派对人的理解具有本质主义的特点,主要指出人这个主体因素在认识事物中的作用,强调感性认识的价值和地位。经过中世纪沉寂以后兴起的文艺复兴运动,重新把个人从封建宗法关系中解脱出来,人文主义者反对封建王权对个人人性的扼杀,注重个人的价值,但他们把个人物质

---

① 中国科学院哲学研究所西方哲学史组. 存在主义哲学 [M]. 北京:商务印书馆,1963:337-338.
② 中国科学院哲学研究所西方哲学史组. 存在主义哲学 [M]. 北京:商务印书馆,1963:337-338.

利益看成人的一切行动的唯一动力，认为人的本性就是自私自利性。这个特点，在传统人本主义的理论体系中，就更加明显。近代哲学的创始人培根在他的学说中，洋溢着对科学知识的礼赞和对人的歌颂。在他看来，人的本质有两个方面：一是保持他自己的生命和存在，即"自我"和"自爱"；二是保持他对于公众的职责，即社会的性质。近代机械唯物论的奠基人霍布斯主张用人眼光观察国家和社会现象，从理性和经验中引申出国家的自然规律。他认为自我保存是人的普遍的绝对本性，正如机械运动是物体的运动法则一样，自我保存是人类活动的根本法则。18世纪的法国唯物主义者，则强调人的满足欲望的要求（情欲）、追求幸福和规避不幸的意向、自我保存的欲望是合乎人的本性的。爱尔维修说："感官的痛苦和快乐致使人们行动和思想，它们是推动精神界的唯一砝码。"[1]"深入人的深处，便会觉察到这一切情感都只是肉体的快乐或痛苦发展起来的东西。"[2] 可见，爱尔维修很强调人的肉体感受性的作用，认为这种肉体感受性是人性的一个本质的方向。和爱尔维修一样，霍尔巴赫也强调人的感官作用，并由此提出了"情欲说"，他强调人在所经历的一切变化中，永远只是遵照自身的机体以及自然因素制造这个机体的各种材料所固有的法则而活动。由于费尔巴哈是从"人是自然界的产物"这一观点出发来考察人的，因此，他认为人的主要本质或者说人性的主要内容是他的自然属性，是生物学和生理学的属性。

与传统人本主义的倾向不同，现代西方人本思潮强调人的个性，从人的个体原则出发，直接面对每个个体的内在的自我。这个理论特征，在唯意志论哲学中已经表现出来。尼采就主张，人本来不平等，未来也

---

[1] 北京大学哲学系外国哲学史教研室. 十八世纪法国哲学 [M]. 北京：商务印书馆，1963：475.
[2] 转引自北京大学哲学系外国哲学史教研室，编. 普列汉诺夫著作选集（第二卷）. 汝信，刘若水，何匡，译. 生活·读书·新知三联书店，1974：95.

是如此。"我的学说是：有上等人，也有下等人，一个好人是可以使千万年的历史生色的——也就是说，一个充实的、雄厚的、伟大的、完全的人，要胜过无数残缺不全、鸡毛蒜皮的人。"① 因此，在《查拉图斯特拉如是说》中，尼采借查拉图斯特拉之口教诲人们：我教诲你们做超人。人也是一种东西，必是可以超过的。你们曾做了什么超过人的事吗？自从有生物以来，一切生物都在自己以外有所创造，你们要做大流潮的退水，宁愿退回到下等动物而不想能超过人吗？猿对人而言是什么？是一笑柄，一可耻之物。人对超人而言也是这样，也是一笑柄，一可耻之物。我教诲你们做超人。超人是世界的意义。愿你们也说：超人将成为世界的意义。② 他的学说反映出一种个体心理的宣泄，是完全个体化的。这个特征，在存在主义学说表现得最为完整。兰德曼就深刻地看到了这一点，他指出："在人本学中，人们研究，普天之下，他是怎样一个特殊的存在，他处于一种怎样的与其他实体不同的地位。可是存在主义则是从内部观察人，它集中于探究个人自我的奥秘并为之而感叹。这自我并不仅仅是普遍现象的一例，它正是用人的个性和人的当下的具体性显示人的存在的真谛。"③ 存在主义的先驱基尔凯戈尔就曾深刻地赋予存在以特殊个体的含义。他反对黑格尔的认知主义，以普遍概念和逻辑图式取消具体的存在。他认为，一般的人，只是理性的抽象，不存在于现实生活中。在现实生活中的存在都是个性的存在。正是在这个意义上，他提出"孤独个体"的范畴，主张给个体让出位置。海德格尔也强调人的存在的特殊性、个体性或自我性。他用表示人的存在的基本范畴 Dasein 一词，一般译为"此在""亲在"，就是说，"此在"

---

① 洪谦. 西方现代资产阶级哲学论著选辑 [M]. 北京：商务印书馆，1964：22.
② 尼采. 查拉图斯特拉如是说 [M]. 孙周兴，译. 北京：商务印书馆，1936：5-6.
③ 兰德曼. 人本学、存在主义和马克思主义 [M] //现代外国哲学（第四辑）. 上海：上海三联书店，1996：301.

所表示的人，不是一般的人，也不是生物的人或社会的人，而是个体的人的存在。他说："这个存在物在它自身的存在中的那个存在，总是我的存在，……由于此在的总是我的这一性质，因此，在与人言谈时，必须把人称代词一起说出：'我在'，'你在'。"① 萨特也继承了存在主义的这一思想方法。他坚决否认有普遍人性的存在，他说："世界上没有人类本性，因为世间没有设定人类本性的上帝。"② 他认为，每个人都有与众不同的特征，这些特征构成人的个性，构成人的真正存在。而所谓他人，也是"非我"自我，是自我的一个异体，因此他强调要分析个体自我的内在状态。

3. 理性至上与注重非理性的不同

传统人本主义哲学强调人的理性的力量，主张以人的理性作为衡量一切事物的尺度。他们相信，用理性的方法能获得对世界的绝对真知。而现代西方人本思潮则把目光转向人的内心，注重人的非理性的情感意志及体验。

对人的理性的强调，是传统人本主义的思想特征。从古希腊开始，西方哲学家就确立了这样的观点。他们相信，通过理性的追求，可以创造实用的知识，造福于人类，理性也是人的本质确定性。到了近代，在人本主义理论中，这种观点有了进一步发展。他们认为，人的确定性要以世界的确定性为基础，哲学家们相信世界是有机的，是合逻辑、合必然性的和谐统一的整体，他们把获得对世界（包括人）的终极知识当作自己首要任务。他们认为，要想认识世界，认识人自身，只要通过纯粹理智的思考，通过直观逻辑的论证才能得到。因此，理性的方法是获得对世界的绝对认识的方法，理性的原则成为西方传统文化的支柱。无

---

① HEIDEGGER, M. Sein und zeit [M]. Tübingen: Max Niemeyer Verlag, 1927: 67.
② 中国科学院哲学研究所西方哲学史组. 存在主义哲学 [M]. 北京: 商务印书馆, 1963: 338.

论是经验论哲学家还是唯理论的哲学家，都相信理性的力量，相信理性统治世界会给人类社会带来进步和繁荣。而 18 世纪的法国启蒙思想家则提出"天赋人权""人道""正义""自由""平等""博爱"等口号，启发人们的头脑，他们同样肯定理性的力量，主张以理性作为审判台，一切都拿到理性面前接受审判，认为只有诉诸理性，才能克服人类的一切"迷误"，找到改造社会的方案。随着德国古典哲学的兴起和发展，对人的理性力量的强调，则以一种理性辩证法的独特方式表现出来，这从根本上动摇了旧的形而上学思想。

而现代西方人本思潮则相反，他们认为，理性只能认识现象，要把握人的存在及宇宙的本质，只有依靠非理性的直观。叔本华、尼采认为人的一切认识活动都是相对于人的意志而存在的，是为意志服务的。生命哲学家柏格森认为，理性的根本特点是分析抽象，是用凝固、静止的观点表现和认识事物，因此，不能把握真正的存在，唯有依靠理性的直觉，即超出主客观对立的神秘的内心体验，才能深入生命之流之中并与之相交融，从而真正体验到整个生命冲动的本质和意义。存在主义也从根本上反对科学的理性认识，在它看来，人们对一个对象所倾注的不只是思维，更主要的是厌恶、孤寂、恐惧、忧虑等个人的情感。它注重个人的非理性的情感体验和感受的描述。基尔凯戈尔就认为，人的存在首先是纯粹主观性的存在，人是根据内在主观性即情意、感受、主观体验而行动，因此，他不同意理性主义把人的存在当作理性的存在。他在《致死的疾病》一书开头就直截了当地对人的存在做了这样的规定：人是一种精神，而精神是什么？精神是自己，而自己又是什么呢？所谓自己，是和自己本身是一种关系，这种关系所关系到自己本身。自己不断地关系到自己本身，换言之，自己无限地关系到自己本身。这就是说，在基尔凯戈尔看来，人的个体的存在，不是一个感性具体的人，而是一个精神的个体，是一个主观思想者。这个精神个体只与"它自身发生关系"，也就是自己领会自己，自己意识到自己的存在，它的基本特征是非理性的。海德格尔同样强调对人的非理性的关注。他认为，欧洲传统哲学都十分强调理性的作用，从古希腊以来，哲学总是以从理性上寻求绝对知识为己任，理性在思维中的地位越来越高，使古典的形而上学忘记了真正的人的存在，而他所涉及的人则相反，是指非理性的，否定性的主观感受、心理体验，如烦恼、畏惧、怕死等。萨特也把人的某些心理状态当作人的基本存在状态，强调人的烦恼、孤独、绝望等。

4. 人类前途的态度上乐观、积极与忧虑、悲观的不同

人本主义在传统哲学上表现为崇尚理性。重视对自然的研究，他们对人类的现实生活和前途持乐观的态度，相信以理性所建立起来的理想王国能保持人的自由、幸福和尊严。而现代西方人本思潮则与人的忧虑感相结合，它对现实生活不再持积极向上、乐观的态度，而表现为悲观主义。

科学是理性的产物，西方传统人本主义崇尚理性，必然重视科学，发展科学、确证理证的力量，反映了他们积极向上，对人类前途充满乐观的态度。哲学家们把哲学看作是凌驾于一切专门科学之上的"科学的科学"，企图穷尽一切知识，解答一切疑难。西方哲学的这一特点，使得绝大多数的哲学家同时也是某一领域的科学家。在古代，哲学和科学混同在一起。只是到近代，一些自然科学门类才相继独立出来，社会科学以自然科学发展为标志，科学发展提高了人类认识世界的要求，而且进一步增强了人类改造世界的要求。新兴的欧洲资产阶级是以新的科学知识起家的，他们认为只有大力发展科学，促进生产力的发展，自己的队伍才能壮大起来。所以，新兴的资产阶级首先要解决无知的问题，然后才能解决无权的问题。近代哲学创始人之一培根提出"知识就是力量"，反映了新兴资产阶级的心声。近代自然科学的飞速发展，坚定了人们对理性的信心，确立了人的主体地位。也正因为如此，与现代西

方人本思潮不同,西方传统人本主义表现出积极向上、乐观进取的特点。

现代西方人本思潮则相反,它在理论上不再持积极向上、乐观的态度。这种思想特点,在唯意志论学说中已有表述。叔本华就认为,由于人的唯一的真实的存在,即某种非理性的盲目的生存意志,它驱动着人们去满足自己永无止境的欲望,人生是悲惨的,因为即使欲望得到暂时的满足,可怕的空虚和无聊也会围拢过起来,而同空虚和无聊做斗争并不减于同困乏做斗争。任何人生都是在"痛苦"和无聊之间被抛来抛去,"所以人生是在痛苦和无聊之间像钟摆一样的来回摆动着"[①]。"人生在整个根性上便已不可能有真正的幸福,人生在本质上就是一个形态繁多的痛苦。"[②] 这种观点在存在主义哲学中得到了更全面的发挥。存在主义认为,人是被抛到这个世界上来的,每个人来到这个世界上,是没有必然的道理的,人干什么或不干什么也说不出什么必然的理由,实际上,人总是处于一种动荡不安、茫然不知所措的状态。人在造就自己的过程中,人在成为什么人的进程中,有种种可能性,但没有一种是有绝对把握的。人想干什么,说不出道理;人能干什么,没有把握;自己会成为什么样的人,无法知道。人在生活实践中,永远处于一种不安宁的状态,充满了烦恼、恐惧、忧愁,但人们在世俗生活中,忙忙碌碌,往往意识不到自己,正是剧烈的苦闷意识才使人意识到自我的存在。因此,可以说,意识到"烦"的主观性是人的最真实的存在。存在主义哲学的理论前提,强调人的内心情绪的体验,认为这种人的内心情绪体验即烦恼、恐惧、孤寂、面临死亡的情绪等是人的存在的基本内容,这

[①] 叔本华. 作为意志和表象的世界 [M]. 石冲白,译. 北京:商务印书馆,1982:427.
[②] 叔本华. 作为意志和表象的世界 [M]. 石冲白,译. 北京:商务印书馆,1982:443.

种学说具有明显的悲观颓废的倾向。

(三) 现代西方人本思潮形成的基础分析

在科技和社会生产力有了显著发展的现时代，不同人们活动或注意的空间领域已不再像过去那样单一，而是有了相当丰富的可选择余地，学者们的生活也可以说因此有了更大的个体性的特征，笔者认为，现代西方人本思潮的思想家们作为具有代表性的文化群体对社会发展关注的视角，也正是他们的学说形成的基础。这个基础又可以称为生活基础。我们就围绕这个问题来进行讨论，并揭示现代西方人本思潮反思的角度。

1. 现代西方人本思潮形成的生活基础分析

在这个问题上，笔者认为，冯黎明先生的观点是可取的，但需要指出两点，第一，科技文明成为社会生活的基础，时间还可以向前推进到19世纪中叶。第二，我们应特别注意其中形成的矛盾现象。我们在这里集中分析三个矛盾现象。

(1) 西方现代社会以高科技文明为特征的工业一体化与个体生活自由的矛盾，是现代西方人本思潮形成的重要根据

20世纪初得以全面展开的自然科学革命，是现代西方人本思潮活动的文化背景之一。这时的自然科学取得了一系列重大突破，同时又引起了现代的科技革命。这些所带来的其中一个重大变化，即改变了工业运转的特征。它在结构上要求成为严密配合、相对制约、稳定有序并动作统一的一体化模式。现代人生活在这个模式中，这个模式需要人的行为参与社会规定的程序。于是，社会或生产系统允许单个劳动力的自由流动，允许劳动力作为商品在出售和购买、流通和使用方面的自由，但必须合乎程序系统，保证时常有精力旺盛、智力常新的人力投入这个全社会参与其中的生产系统。但恰恰在这个过程中，把传统文化一贯倡导

的个体生命的自由给否定了，形成了个体自由和工业一体化之间矛盾。可以说，个体自由与群体模式之间的矛盾在西方哲学中是一个由来已久的话题。传统哲学强调个体与社会的和谐统一。早在古希腊时期，西方文化中个体自由的观念就形成了，中世纪神学用天国的威严———一种人造的社会规范的幻影，来消除了个人的情欲；文艺复兴以后，理性观念成了人们达到个体与群体统一的武器。那个时代是社会性压倒个性，个性并未取得合法地位。但在现代社会情势下，个人的自由和社会的模式两者都成为历史的必然要求，因而之间的矛盾成了不可克服的、无法统一的矛盾。与之相应的是，哲学思潮方面呈现一种分裂：要么是极端地张扬个性，要么是承认模式的合理性和必然性。西方的文明史说明，理性、科技、工业等的发展虽然显示了巨大的力量，但在西方资本主义制度下，它没有使人成为一个完整的人，反而使人感到沉重的物质和精神的压抑，正如美国哲学家巴雷特等人指出的：现代科学技术把理性和智慧抬到高于其他一切之上，从而制造了一个怪物，有技术的人发动了一场统治自然的狂热斗争，并虚伪地把这种斗争等同于进步。大众文化同现代科学一道使我们生活在一种缺乏真实性的存在中，个人变成了纯粹失去人性的对象，丧失了自己的统一性，被其社会职能和经济职能所吞没。

（2）现代科技文明与环境人化的矛盾，是现代西方人本思潮形成的又一重要根据

现代科技革命，对社会带来一个人化环境，使人们的参照系发生了变化。古代社会处于人与自然相对应的时代，那时人对自然的改造还没有对自然的整体做出改变，人的生活的源泉和环境主要是由原初性的自然物构成的，因而那时人与自然是彼此相对应地存在着，人的生活依赖自然的"赐予"，人的精神生活的对象，比如，哲学研究的对象，也主要是"自然"。近代资本主义工业文明以洪水猛兽般的气势"吞噬"了

一切原初的自然形态,以惊人的制作能力将环绕在人们周围的高山火海、草木竹树改造成了在其中可以看出人的活动的创造物。这一变化使人们得以用自己制作出来的物品为自己筑起了一个生存环境,现代西方人的生活环境全都依赖这种人造物品,人已经创造了一个前所未有的人造物的世界,在一种全新的参照系下生活。

这样,就使科技文明与环境人化的矛盾暴露出来。社会化工业生产赖以发展的科技革命,无疑是人们以大自然为对象进行认识活动的产物。而这个大工业生产在现代又将围绕在身边的自然改造成了完全由人的活动沉积在其中的、脱离了原初自然形态的人化环境,历史地实现了由对自然的依赖到对自然的消灭。这样,一方面是社会化大生产所依据的科技文明,另一方面是这个社会给人们一个与自然隔膜、疏远的人造的生活世界,文艺复兴以来那种人对理性的追求与返归自然的活动相统一的局面成了一个古老的梦幻,逼迫人们思考在这样的环境中人生的真谛。

(3) 现代社会发展与生存根基的矛盾,是现代西方人本思潮形成的又一重要根据

西方传统哲学中,关于生存根基的认识尚未受到过威胁,中世纪把上帝的"伊甸园"视作人类的本原与归宿,文艺复兴以后又代之充满现实人生意味的"理性"。伊甸园也好,理性也好,它们都能为人们提供一个稳固的生存根基,使人们感到自己生活在一个必然的基础之上。这也是古代人与自然对应、人依赖自然生存的尘世生活的反映,因为自然本身作为向人们提供生存条件的东西,体现出一种稳固的、本原性的特征。但是,随着社会发展,特别是科技进步,人与自然的关系发生了变化,人进入了一个人为制作的、可随时变异的环境。科学创造出来的物品,即那个包裹在人们周围的人造世界,由于它本身未能直接地体现作为科学认识之对象的大自然的那种稳固的、内在的、普遍的特征,而

是处在不断地变异更替之中，因而经历了唯物主义科学意识的成长发展的西方人又被科学技术的产物抛进了另一个变动不居、缺乏生存稳固性的环境中。这样，几百年以来的生存根基，由于社会的发展、科技的进步似乎丧失了，人们摆脱了过去自然必然性的控制而获得了自由，但他们的根却断裂了，他们失去了对自我生存基础的必然性、合理性的信念。同时，也使人们重新考虑主客观的关系。在古代人与自然相对应的时代里，那时哲学更多地表现为对自然本体的追问和探索。而现代哲学生长于人与对象的关系发生了变异的生活情况之中，对象已不再呈现为一个自由自在、恒常不动、远远立于人之眼帘之中的客体，而是一种标明了人的价值观、人的创造活动的人化的对象，作为人的意识活动的对象，作为人的意识活动的对象的生活世界，由自然转变成了人造物，这样就要求人们在重新考察主客体关系中寻找自身的生存根基。

2. 反思的角度

毫无疑问，哲学绝不是一种纯粹学斋的理论探讨，历史和现实的逻辑是理论的根据。但理论毕竟通过自身的方式来表达，因此，我们在研究现代西方人本思潮形成的根据时，既要注意客观的生活基础，又要注意其反思的特点。

生活基础只是哲学家反思的客观因素，我们还要研究反思的主观因素，即现代西方人本思潮在反思过程中主观上有什么特点。但哲学的反思是充满个性的，哲学或哲学家群体都有自己的知识结构、理论素养和文化背景，这样对现实生活反思切入点就不同，从而构成其反思不同的角度。笔者认为，现代西方人本思潮侧重个体人生实践的研究，这是它反思的重要特征。因此，叔本华、尼采强调个体的生命意志，柏格森强调个体的生命绵延，弗洛伊德强调个体的"利比多"的冲动，存在主义强调个体存在的状况，如此等等。过去相当长的时期以来，在研究历史或社会问题时，理论家、思想家往往注重宏观地分析社会的诸现象，忽视了人的个体的生存、实践和选择的意义，看不到个体生命及实践在历史和社会发展中的作用，认为这仅仅属于伦理学的范围。现代西方人本思潮把这个问题突出出来，当然是具有重要意义的。萨特把这一点看得很重，认为是对马克思主义的重要补充。他指出马克思主义哲学中有一个人学的"空场"，他可以用存在主义使其更为丰满、完整。萨特的基本观点虽是不正确的，但也有值得我们思考之处。可以说现代西方人本思潮的这个反思的角度，也因此构成了20世纪哲学的一大转向，即"思想不再关心它自身和作为客体的世界之间的关系，转向关心它自身和通过主体或'定在'而生活于其中的世界之间的关系"①。也就是说，哲学从研究自然或社会的人，转向研究个体或以个体为基础的人。

因为如此，使得现代西方人本思潮使用的许多概念与传统哲学有很大的不同。就实践这个概念而言，传统意义上的实践，不管是生产实践、科学实验还是处理人与人之间关系的实践，其主体都是群体。在对这种实践做研究，是把个体因素排除在外的。但现代西方人本思潮在操作实践这个概念时，它主要指个人的人生选择，与个人的情绪、体验等联结在一起。在使用意识这个概念时，他们往往注重无意识的作用。在人们的生活、工作过程中，总是伴随着某种关于对象的身心体验。这种体验是"万象归心""设身处地"的情理类比和揣摩判断过程，同时也表明了自身与对象之间的特定关系，在实质上传递着主客体双方的沟通信息。是一种人与世界的价值契通方式。这种开放性、整体性和定向性的内心体验活动，贯穿于人的生命活动的一切过程的一切方面，它的基本特点是：主体面对特定事物或人的"真格"表现，以敏锐深邃的心态去探查对象，去评价判断，做出符合客观实在的身心反应，并具有个体化的特征。这种倾注于全身心的沉思与遐想的体验，有别于那种偏重

---

① 祁雅理. 二十世纪法国思潮[M]. 吴永泉, 译. 北京：商务印书馆，1987：60.

理性的克制式态度或身心反应。应当看到，现代西方人本思潮正是从这个角度切入对现实生活的思考，这种哲学以一种独特方式反映了时代精神。因为马克思曾指出："一切时代所提出的问题，和任何在内容上是正当的因而也是合理的问题，有着共同的命运；主要的困难不是答案，而是问题。"① 根据马克思的这个原则来分析，不难发现，现代西方人本思潮的不同派别，它们从不同的侧面抓住了时代提出的个体人生实践的新问题，敏锐地反映了时代的变化，也许所做出的答案并不正确，但作为一种先导也推动人们认识的进步和发展。

二、中国传统儒学人文精神的具体表现特点考察

（一）中国传统儒学人文精神表现特点形成的背景思考

中西方文化都包含有丰富的人文精神的存在，它们的核心价值具有一致性，但由于历史背景及文化传统的差异，它们又呈现出不同的特征。我们探讨中国传统儒教人文精神的具体表现，一方面要论及最能代表其观点的文化内容，也要谈到有别于西方人文精神的特点。但最根本的差异，笔者认为是两种人文精神所面对的历史的差异。

西方社会在相当一段时期内，人文文化所面对的是反对宗教神学。宗教神学将本属于人自身本质的理性力量抽象化、绝对化，于是将人类非理性的欲求视为"原罪"而遭到贬斥。当文艺复兴的人文主义要恢复人的全面性时，必然要多方面地强调人的感性欲望的正当性，追求人的现实幸福的合理性，并由此反对宗教神学的禁欲主义。人文主义将人从宗教虚幻的天堂拉回到真实的人间。对人的理性、知识、感性生活的

---

① 马克思，恩格斯. 马克思恩格斯全集（第40卷）[M]. 北京：人民出版社，1982：291.

张扬，后来又从哲理的高度进行论证，成为西方人文文化关注的重点。

而西方文化进入现代，西方现代人本思潮所要批评的，是人类自己所创造的技术主义对人的控制，人进入了一个人为制作的，可随时变异的环境，人类生存的根基由于社会的发展和科技的进步似乎丧失了，人们摆脱了过去自然必然性的控制而获得了自由，但他们的根却断裂了，他们失去了对自我生存基础的必然性、合理性的信念，使得人们要重新考虑主客观的关系。在这个过程中，人们开始思考如何找到属于自己的家。

但中国古代人文文化主张人要成为人的发展，因为没有宗教占统治地位的历史经历，中国文化中的义利之争有着明显的世俗化的特点，没有完全抹杀人的感性生活和欲望要求的必要性；同时当时是古代社会，对现代化的发展所带来的问题或矛盾，更不会作为思考的对象。由于中国是带着以血缘为纽带的原始氏族组织形式进入了文明的社会，宗族关系、家国同构的结构等对社会生活各个方面产生很大影响，如何保持社会合理的秩序并使人作为人得到尊重，可以说是中国传统儒学所思考的角度。虽然中国传统儒教人文精神与西方的人本思潮在目标上具有一致性，即总要反映的是人们对自身价值的肯定和张扬，但具体的表现方式有了自身特殊的文化内容。

（二）注重伦理道德修养

中国传统文化是围绕人展开的，但它特别强调的是人的个体对社会、对团体的责任感和使命感，人应当以保守自己的人伦操守作为自己最大的欲望。正是在这个意义上，中国传统文化，强调人要注重自身的伦理道德的修养。这是中国人文精神不同于西方的重要特征。

其一，儒学认为的道德伦理上的完善是做人的最高标准，是人之所以为人的根本性观点。这在儒学伦理学说中得到了集中的论述。孟子说："由是观之，无恻隐之心，非人也；无羞恶之心，非人也；无辞让之心，非人也；无是非之心，非人也。"(《孟子·公孙丑上》)道德把人与动物区别开来，是人道的根本体现。道德也是建立一个良好社会的最有效的途径。"道之以政，齐之以刑，民免而无耻；道之以德，齐心以礼，有耻且格。"(《论语·为政》)强调了道德比政治法令更为根本的意义。

其二，道德伦理的根源不是外在的而是人的内心。孔子提出"仁"的概念，作为伦理道德的基础，并成为以后儒学最重要的概念。虽然荀子提出了"性恶论"，并以"化性起伪"来解释"礼"的起源，但荀子的这个思想并未对儒学以后的发展产生多大的影响。儒学认为，人人都有仁爱之心。虽然儒家承认在现实生活中，人的宗法观念存在的客观性，即"亲亲，仁仁"，但"仁"的普遍性使人不局限于宗法观念之中，而恰恰要推己及人："夫仁者，己欲立而立人，己欲达而达人。"(《论语·雍也》)这种"忠恕之道"孔子称之为"仁之方"。由此，道德的普遍性建立了起来。孟子承袭了孔子"仁"的思想，并加以发展。在孟子那里，分析更细致化了：如上文提及的"四端说"，或者重新加以解说：如"性善说"。无论是"四端说"还是"性善说"，都是儒家学说史上"仁学"的一部分。

其三，把从道德修养提高到天理的高度。儒学对天命的态度体现了儒学道德学说所深深渗透的人文精神。儒学的"天"既有"天然之天"之意，又有"人格之天"含义。"自然之天"表现在"四时行焉，百物生焉、天何言哉"这样的话语中。但更多是"人格之天"的含义。《中庸》起始："天命之谓性，率性之谓道，修道之谓教。"此处将"天命"与"性"与"道"等同，无疑此"天命"为"人格之天命"。儒学的伟大就在于它没有将此"人格之天"神鬼化，而是将其道德化。此"道德之天"与人内心的道德观念互为根据和保证。于是，儒学有"畏天命"之说,"可畏者"当为那令人敬畏的道德律令,而非神秘的鬼神。而"仁、义、礼、智"就是儒学的道德律令。儒学理论通过"人格天"即"道德天"的规定,把道德修养提高到天理的高度,树立了道德自主性的权威。儒家对道德修养的重视,凸显了儒学对人的自主精神的发掘和对独立人格的追求,是中国人文精神传统的精华,也是今天我们发扬人文精神最值得借鉴的一点。

(三)礼乐文化的熏陶作用

中国文化虽然重视道德修养的作用,但没有走向道德的极端主义,强调"礼乐文化"在其中的作用。这种主张内在修养与外在修养的结合,体现了儒家理想人格所具有的全面性和均衡性特点。这是中国传统儒学人文精神体现的又一个重要特点。

传统儒学认为,光有良好的道德品质,没有美好的外在修养,还不能承膺"君子"的称号。"礼乐"熏陶的意义在于使君子不仅有娴雅的仪容,而且有"礼乐"的才能。"礼乐"与道德相辅相成。道德的根源在于人的内心,但道德的培养却需通过"礼乐"的熏陶达成。通过从小的风俗、习惯的熏陶于潜移默化之中,培植人对道德观念的认识。故孔子谈"约之以礼""齐之以礼""克己复礼为仁",即通过"礼乐"的教化来启发和涵育人的良知良能,培育人的道德心,提升人的道德境界。

正是因为"礼乐"是以提高人的道德品质为出发点,所以儒学将"礼乐"的规范作用置于"法"的作用之上,因为"夫礼者禁于将然之前,而法者禁于已然之后"(贾谊《论治安策》)。法固然能通过对违法行为的惩处起到警戒的作用,但它没有教化劝善的功能,不能造就那知耻明理的君子,也无法从在根本上达到移风易俗的效果,从而达成孔子"必也使无讼"的理想。只有通过"礼治"才能从根本上使人知廉耻而遵纪守法。而且"礼"作为规范作用不像"法"那样只有强制性，它所具备的教化功能使它的各种规范有了人文的合理意味。强调人的内心所具有的自我约束力量的存在，人的内在力量是最具有根本性的，这里体现了儒家强烈的人文精神。

（四）以人为本的教育理念

一个人人文精神深厚的文化必然有着对教育的特殊重视。儒学秉持着"人人皆可为尧舜"的信念，以及"性相近，习相远"的观念。所以儒学的一个基本教育思想就是"有教无类"。传统儒学把认知看作做人之道。这是中国传统儒学人文精神又一个重要表现。

儒学认为教育的目的，就是通过提高人的道德修养，培养知书达礼的君子，以达到移风易俗，改良社会的功效。儒学区分了"小学"与"大学"，"小学"即传授"句读"之学，这些知识虽然必须，却只具有工具价值，而"大学"才真正体现教育的终极目的，"大学之道，在明明德，在亲民，在至于至善。"（《礼记·大学》）这就揭示了教育就在于教化，只有通过人的教化，社会才能移风易俗。

儒学对人的培养就是围绕着"大学"之道展开的。通过教育所培训的就是儒家心目中的理想人格"君子"。孔子的教育思想将良好的道德修养放在了首位。但这远远不够，因为"君子"的人格理想不仅局限在道德高尚方面。所以孔子在教学内容上，设置了"礼、乐、射、御、书、数"六艺。这些内容是为"君子"理想人格培养服务的，即它们本身不具终极价值。显而易见，孔子对教育内容的设置是较为完备的，它囊括了德、智、言、行、艺等多方面。按照这一理想所培养的人才显然不只是道德上的谦谦君子，更是知书达礼、文行合一、知德兼备、文质彬彬的君子。

（五）对一切"固执"的消解

笔者认为，传统文化以和谐万物为最高宗旨，把那种趋于极端的倾向称为"固执"。人文精神反对一切形式的"固执"，不管这种"固执"是对物欲的"固执"，还是对道德的"固执"，抑或对神的"固执"，或者现代社会中对专业化的"固执"。因为这样的"固执"必然影响人的全面发展、和谐均衡，从而将人局限于某一方面，失去自由。这是传统儒学人文精神又一个重要方面。

儒学有很丰富的消解"固执"的思想。通过一系列肯定概念来阐发其对"固执"消解的观点。在"君子"人格的发展上要求其具有全面性体现的就是这种消解"固执"的思想。儒学还发展出了表达这种思想的哲学概念"中庸"。"中庸之为德也，其至矣乎！民鲜久矣。"（《礼记·中庸》）中庸精神就是反对走向极端的固执。这种精神不能被理解成一种待人处世的消极方法论，更重要的在于它强调维持人们之间总体的和谐，讲求人的忠恕和自我节制。因为宇宙的根本规律就是"致中和"，也正是因为古人在他们的日常生活中感受到自然界和社会生活那种平衡和谐，过犹不及的规律，才提出中庸的思想。

儒学反对一切的"固执"，它的具体表现在于，它肯定事物的各种因素存在的合理性，但是又指出它们相对于其他因素的价值不是绝对的，不能因为肯定一个就否定另一个。它们有共存于世上的必要性。儒学重视人的道德修养，但是儒学从来没有否定人的欲望的合理性。最初的儒学理论对感性欲望的肯定自不必说，就以持"存天理、灭人欲"观点的程朱理学也是肯定人的欲望的存在的。朱熹说："若是饥而欲食，渴而欲饮，则此欲亦岂能无？"（《近思录集注》卷五）以儒学为代表的中国文化并不像有些观点认为的对法制持否定的态度。实际上，儒学只是看到了法制的局限性，即法作为一种因素不应有至上的地位，而必须有其他因素的制约和辅助。这就是荀子说的"有治人，无治法"（《荀子·君道》）的用意。儒家对"礼"的作用极为重视，但同样没有把它极端化。孟子提出了"权"的概念，就是对作为规范的"礼"的消解。甚至"中庸"本身也有可能成为某种形式的"固执"，所以"中庸"也不是绝对的概念，也有被消解的必要。故而儒家有"时中"的概念。"君子之庸也，君子而时中。"（《礼记·中庸》）"时中"强调执中必须依"时"而定，依据具体的时空、条件、对象采取相应的合理的执中行为，反对死守两端等距离的"中"，因此，"时中"概念既是"中庸"的本质，又是对"中庸"的一种消解。这种消解作用不是消灭，而是防止其过分膨胀趋于僵化。

（六）民本主义的思想

中国古代丰富的思想库中关于"民"的思想很发达，但它是以民本主义的理论来表达的，这同样在传统儒学思想中得到说明，有学者指出，中国自孔孟以来的思想发展史，一直贯穿着民本思想，任何一个大儒，都几乎是民本思想的鼓吹者。[1] 体现出传统儒学具有人文精神的思想倾向。

"民本"一词，语出《尚书·五子之歌》："民惟邦本，本固邦宁。"民本主义就是主张立国安邦必须以"民为本"为思想。孔子就认为老百姓的信任对为政者至关重要，为政以德必先取信于民。子贡曾问政于孔子：子曰："足食，足兵，民信之矣。"子贡曰："必不得已而去，于斯三者何先？"曰："去兵。"子贡曰："必不得已而去，于斯二者何先？"曰："去食。自古皆有死，民不信不立。"（《论语·颜渊》）孔子把取信于民看得比足食、足兵更为重要，是治理国家的根本。

---

[1] 金耀基. 从传统到现代［M］. 北京：中国人民大学出版社，1999：21.

有学者对民本主义思想包含的文化内容做了概括。其一，贵民。孟子"民为贵，社稷次之，君为轻"的思想表现得十分清楚。故孟子曰："是故得乎丘民而为天子，得乎天子而为诸侯，得乎诸侯而为大夫。诸侯危社稷，则变置。"（《孟子·离娄上》）就是说田野村民虽然看起来地位微贱，但得其心则天下归，天子的地位看起来尊贵，但得其心只能为诸侯。如果诸侯无道，危及社稷，则当更立贤君。"国以民为安危""以民为存亡""以民为兴衰"（《贾谊新书·大政篇》）。其二，得民心。认为得民心则得天下，孟子曰："桀纣之失天下也，失其民也，失其民者，失其心也。得天下者有道：得其民，斯得天下矣。"（《孟子·离娄上》）其三，听民言。要想得民心，就要听民言，顺民意，"天视自我民视，天听自我民听。"（《尚书·泰誓》）"国将兴，听于民。"（《左传·庄公》）其四，养民。君王不能杀鸡取卵，竭泽而渔，要予民休养生息，孔子曰："百姓足，君孰与不足？百姓不足，君孰与足？"（《论语·颜渊》）慎子曰："百姓之于圣人也，养之也；非使圣人养己也，则圣人无事矣。"（《慎子·威德》）荀子也说："轻天野之赋，平关市之征，省商贾之数，罕兴力役，无夺农时，如是则国富矣，夫是之谓以政裕民。"（《富国》）

与民本主义相联系，儒学强调为政者的政治道德修养的重要性。孔子就指出为政者先修身正己。他说："政者，正也，子帅以正，孰敢不正？"（《论语·颜渊》）"其身正，不令而行；其身不正，虽令不从。"（《论语·子路》）"子欲善而民善矣。"（《论语·颜渊》）道德具有超越一切的无形力量，为政者具有了这一道德禀赋，便拥有了政治人格和权力权威，也就拥有了为政治国、安人安百姓的资质。

儒学把其道德学说运用于政治领域，强调执政者的个人道德修养和个人人格力量对国家政治前途的作用。因此，孔子在《子路》篇中说："上好礼，则民莫敢不敬；上好义，则民莫敢不服；上好信，则民莫敢不用情。夫如是，则四方之民襁负其子而至矣。"

与执政者注重自身道德修养相关联的就是举荐贤才，任人唯贤。自西周以来实行的宗法制和分封制，人才的举荐都是在血缘关系的亲属范围内进行。以孔子为代表的儒家的举荐贤才的人才价值观修正了传统的"世官世禄"制。朱熹在解释孔子这段话时说："贤，有德者。才，有能者。举而用之。"（《四书章句集注》）就是主张有德有才者才有资格管理国家。在孔子看来，作为国家政权的管理者和实施者，举荐贤才在维持国家政治秩序，实行治国安邦方面具有重要意义，它关系着国家政权的稳定，政令的顺利实施等大问题。

民本主义的尊重民意虽然与民主主义所体现的民意在性质上有所不同，前者民众是被动的，权力掌握在君主手中；后者民众处于主动地位，民众可以通过各种正常途径积极影响公共决策和执行。但在历史的演变过程中，在西方民主文化的影响下，民本主义经过理论家的努力得到了改造，逐渐转化成现代的民主主义的理论话语，同时，民本主义不同于专制主义，并与专制主义具有本质区别。民本主义强调以民为本，这与专制君主利益之上必然发生冲突，为了增进其说服力，儒家民本主义借助于神秘的天命学说或天理学说来加强论证，但其中包含了在政治制度上的人文关怀。综上所述，中国传统文化有着丰富和深厚的人文精神。

三、中国传统儒学人文精神主导思想的思考

我们在一般意义上讨论了中国传统儒学人文精神的特点，但从思想或理论上我们有必要分析何以会构成如此的特点，这是从深层次上来分析问题。在讨论这个问题时，我们先分析一下其他学者的观点，看看其中可以给我们的启发或借鉴，然后我们再来正面探讨自己的一些看法。

(一) 分析化的人文主义和人情化的人文主义[①]——中国传统儒学人文精神主导思想的思考

人文主义是人文精神的思想载体。中国传统儒学伦理文化是人文主义，为此有学者做了分析。[②] 他指出这种学说以"仁"为思考核心，建构学说，预设制度，宣示理想的轴心。孔子以"仁"阐发了他的人文思想，"仁者爱人"是"仁"的中轴、中纲，其中最典型表现了仁学人文内涵的三个方面。其一，仁者在处理人我关系的基本准则上，要严于律己，宽以待人；其二，处理日常人伦关系时，仁者要弱己强人，对家中长者以孝事父母，以悌尊族长；其三，在社会关系上，恪尽职守用心做事，不妄逞英豪，不破坏人臣忠君原则，从而使社会于和谐中存在，于有序中发展。孟子随后补充和完善了孔子人文思想，孟子贡献在于，把"人之为人"的本位论作为人文思想的核心内容，他指出重"仁"的原因是，因为人具有不同于物性的人性，而到了宋明理学则把人的向圣性推到极端，认定做人就必须以崇高驱卑琐，以理制欲，甚至要"存天理，灭人欲"。

《道德理想主义与伦理中心主义》一书中，作者认为中国传统儒学人文主义不同于西方人文主义。近代西方人文主义的基本要素是以个体的自由、独立为基础来建立人的至上地位，以个体的社会归属，角色作用的固定化为条件来构建人的组织机制，这种人文主义是一种分析化的人文主义。而中国传统儒学的人文主义是一种注重对人的妥帖安顿为特征的人情化的人文主义。[③] 首先，传统思想家对人从来都是以整体地把握为基本"待人"方式的。其次，中国古代思想家重视从现世现时的生活中，去凸显人的良善之德，以求人的内心的崇高。再次，人情化的

---

① 任剑涛. 道德理想主义与伦理中心主义 [M]. 北京：东方出版社，2003：151.
② 任剑涛. 道德理想主义与伦理中心主义 [M]. 北京：东方出版社，2003：151
③ 任剑涛. 道德理想主义与伦理中心主义 [M]. 北京：东方出版社，2003：155.

人文主义，使社会充满着相互体贴关怀，彼此真心互助的友好气氛，使人觉察世间的温暖和趣意。

当然这种人情化的人文主义在当时的发生又带有血缘亲情的文化色彩，人们习惯于用亲情、乡情、人情来调整人际关系。在处理关系时，尽量不伤和气。它们消极作用在于：第一，人情化的人文主义缺乏政治公正、经济平等、文化平等、教育平等等文化因素。往往阻碍了人格独立，各有尊严的生机。第二，人情化的人文主义的血缘阴影，也使它难以真正以爱的精神来充实人情，表现人情。[①] 因此，中国人情化的人文主义必须要加以改造。

笔者赞成作者所认为的中国传统儒学伦理文化精神是人文主义的观点。但对作者把西方人文主义说成是分析，却感到难以理解。分析是相对于综合而言的一种思维方式，即指把一个事物或现象分成若干较简单的组成部分，找出这些组成部分的本质属性和彼此间的关系等。分析作为一种思维方式，中国传统儒学在对人的研究中也是十分的重视，中国传统儒学就人在社会或家庭关系中提出的一系列如孝、亲、仁、忠等概念，把现实生活复杂的伦理关系一一指点出来，就是一个艰苦的分析工作。因此，很难说中国传统儒学人文理论不是分析的。如果作者的意思指的是西方人文主义具有突出人的个体性，这当然很有意义，但这指向的是这种人文主义的理论倾向，是从内容上来讨论问题，我们既然要抓住西方人文主义的这个理论倾向，就没有必要在表达上过于模糊。

而作者认为中国传统儒学的人文主义则是人情化的人文主义，也不是严格的学术思维的话语。人文主义本身是一种学说或理论，它是对中国传统儒学文化性质做出的思维现象，说一种理论或学说是人情化的或情感化的，这不符合人类思维的规律，因为抽象的理论思维不可能是人

---

① 任剑涛. 道德理想主义与伦理中心主义 [M]. 北京：东方出版社，2003：161-162.

情化或情感化的。如果说作者的意思指的是中国传统儒学人文主义非常重视现实生活中的人性化的因素，那么这反映的是一种理论的学术倾向，我们有必要从学理上做更好的理论抽象。

（二）以天人合一，关系至上为思想主导的人文精神

中国传统儒学人文精神的特点当然是通过与西方人文精神相比较而产生的，但当我们做这个研究时，主要关注的是"人之为人"问题时所表现出来的思想倾向。笔者认为中国传统儒学人文精神是以天人合一、关系至上的思想为主导，从而使其表现出了与西方不同的思想特点。也就是说，天人合一、关系至上的观点，是构成其人文精神不同于西方的重要思想依据。

1. 人文精神以天人合一为思想主导的论证

天人合一是中国传统儒学伦理学说重要的理论。但对于天，在中国文字中极为丰富，冯友兰先生做过分析，认为其意有五：曰物质之天，即与地相对之天。曰主宰之天，即所谓皇天上帝，有人格的天、帝。曰运命之天，乃指人生中吾人所无奈何者，如孟子所谓"若夫成功则天也"之天是也。曰自然之天，乃指自然之运行，如《荀子·天论》篇所说之天是也。曰义理之天，乃谓宇宙之最高原理，如《中庸》所说："天命之谓性"之天是也。《诗》《书》《左传》《国语》中所谓之天，除指物质之天外，似皆指主宰之天，《论语》中孔子所说之天，亦皆指主宰之天。（冯友兰2000上，35）但抽象地来分析，可分为自然之天和道德之天。

对天的理解虽有不同，但传统儒学的思想家们还是以此表达自身的主张。孔子的学说中就经常使用"天"的概念，而在孟子、荀子等人学说中也有了明确发挥。孟子的"天"主要是指某种道德存在，并以此作为天人合一的基础。孟子把这说成是"浩然之气"的境界，他说："其为

气也,至大至刚,以直养而无害,则塞于天地之间。其为气也,配义与道,无是,馁也。是集义所生者,非义袭而取之也。行有不慊于心,则馁也。"《孟子·公孙丑上》荀子把自然之天作为基础,他关于"天人"关系上,一方面他指出,天与人是有分别的,另一方面指出人的作为的重要性。荀子说:"天行有常,不为尧存,不为桀亡。"(《荀子·天论》)但人在天面前可以有所作为。人能"制天命而用之""应时而使之""骋能而化之""理物而勿失之"(《荀子·天论》)。后来的董仲舒更对孔、孟、荀的有关论述进行了系统的总结和发挥,他所说的"天"既是自然之天也是道德之天,他明确地提出了"以类合之,天人一也"的说法(《春秋繁露·阴阳义》),他还从"天人感应""人副天数"的角度论述了天人合一。他的学说中有宗教化甚至迷信化的倾向。

天人合一的理论对人文精神的意义主要在于其对人的特殊地位和作用的论述上。孔子说:"人能弘道,非道弘人。"(《论语·卫灵公》)这个观点是表明人的作用和价值,主张对当时时代的社会改造全在于其人文主义的道德选择。有学者称,孔子的贡献在于将所有的理想都整合到统一的人文主义中。根据这种人文主义信念,人的最终幸福不在于不可思议的天命,而在于把这种天命视为人性的人本身。这个观点是极为深刻的。孔子对道德力量的自信,为孟子和荀子所进一步发挥。孟子说:"仁也者,人也。合而言之,道也。"(《孟子·尽心下》)他又说:"诚者,天之道也;思诚者,从之道也。"(《孟子·离娄上》)就是说天是道德之天,只要由尽心而知性、由知性而知天且由知天而事天就能达致天人合一的境界。荀子也说:"人有气、有生、有知、亦且有义,故最为天下贵也。"(《荀子·王制》)"道者,非天之道,非地之道,人之所以道也。"(《荀子·儒效》)天人合一的思想由此为注重伦理道德修养,强调礼乐文化熏陶作用,反对一切"固执",主张民本主义思想的传统儒学人文精神提供了思想基础。

2. 人文精神以关系至上思想主导的论证

群己关系的理论是传统儒学重要学说。就中国古代社会来说，由于历史形成的某种特点，使得个人往往隶属于一定的家庭家族，儒学文化反映了社会关系的这个特点，其形成的人文思想不同于西方文化张扬的个体本位和自由，而是特别重视从群与己的关系来思考问题。

传统儒学在这个问题上的特殊贡献在于，既强调"礼"在群体组织中的控制作用，又重视"仁""义"等观念对人的行为的调节作用。有学者指出，"仁、义、礼、智"是儒学人文主义的基本范畴，[1]但这些范畴反映出的就是儒学人文精神从对人际关系的思索入手来强调人的人格升华问题。

为了论证儒学群己关系的理论如何作为儒学人文精神的思想基础，我们简略地分析"仁""义""礼""智"这四个基本范畴在儒学中逻辑的展开。如前所述"仁"是传统儒学核心范畴。孔子的"仁"的概念从一开始就表明了人是通过爱别人而同别人发生联系的，但仁是抽象的，只有和义、礼、智等概念相结合，它的内容才逐渐得到说明。关于"义"，孔子没有直接给出定义，他只说："君子义以为质，礼以行之，孙以出之，信以成之。君子哉！"（《论语·卫灵公》）"君子喻于义，小人喻于利。"《论语·里仁》孟子则认为仁和义是不可区分的，因此他说："居恶在？仁是也；路恶在？义是也。居仁由义，大人之事备矣。"（《孟子·尽心》）但其实义还是有别于仁，仁一般是从抽象意义上在表达人的和睦关系，义则是在家庭血缘关系以外作为人际关系处置的原则。因此孟子说："父子有亲，君臣有义，夫妇有别，长幼有序，朋友有信。"（《孟子·滕文公上》）但仁、义是通过社会上的礼加以制度化的，礼的功能在于使人们的社会关系有序化。《礼记·曲礼》明确

---

[1] 夏光. 东亚现代性与西方现代性：从文化的角度看[M]. 北京：生活·读书·新知三联书店，2005：136.

地表达了这个含义:"道德仁义,非礼不成;教训正俗,非礼不备;分争辨讼,非讼不决;君臣上下,父子兄弟,非礼不定;宦学事师,非礼不亲;班朝治军,莅官行法,非礼威严不行;祷祠祭祀,供给鬼神,非礼不诚不庄。是以君子恭敬节退让以明礼。"但这些人际关系又是以智为基础,因为"好仁不好学,其蔽也愚;好知不好学,其蔽也荡;好信不好学,其蔽也贼;好直不好学;其蔽也绞;好勇不好学,其蔽也乱,好刚不好学,其蔽也狂"(《论语·阳货》)。

总之一个以"仁"和"义"为实质以"礼"的形式制度化并有"智"为联系的和谐秩序是儒学人文主义所理想的社会世界。儒学思想家们为了处理好群己关系,强调群己关系的和谐,因而注重伦理道德修养、礼乐文化的熏陶、以人为本的教育等,群己关系的理论成为儒学人文精神的思想基础。但在儒学理论中并不否定人的独立人格的存在,儒学所想象的独立人格主要是道德上的。因此,孔子说:"笃信好学,守死善道。"(《论语·泰伯》)孟子更说:"居天下之广居,立天下之正位,行天下之大道。得志,与民由之,不得志,独行其道。富贵不能淫,贫贱不能移,威武不能屈,此之谓大丈夫。"(《孟子·滕文公下》)荀子也说:"入孝出弟,人之小行也;上顺下笃,人之中行也;从道不从君,从义不从父,人之大行也。"(《荀子·子道》)这些都论证了儒学人文思想所具有的内涵。

第四章

法治作为人类的理想与传统儒学人文精神提供的思想价值

在一般意义上讨论了人文精神及中国传统儒学人文精神之后,我们要讨论法治作为人类的治国理想的内涵,其思想的发展过程及传统儒学人文精神对法治的治国理想提供的思想基础的特点。由于对法治的研究,我们要强调其典型性,我们可能较多涉及西方学者的一些论述,但目的在于梳理中国法治发展的线索,说明传统儒学人文精神思想文化在法治理想中的价值。

一、法治的理想及其历史发展中与人文精神的关系

(一) 法治、法治文明概念的思考

法治,作为人类的治国理想,一直为思想家和法学家们所探讨和争论。但应当说已有一些作为共识性的认识,其中特别要分析的是要把法治与法制这两个概念加以区别。法制主要是指法律制度,它是相对于政治制度、经济制度而言的,一个国家有法律制度,但它并不一定实行法治,做到依法治国。法治概念的内涵不同于法制最为根本的在于,法治与民主紧密相连,它的要义或精髓是把法律从作为国家或政府对社会的统治手段和统治工具转变为有效地约束政府权力,有效地治理社会,从

<<< 第四章 法治作为人类的理想与传统儒学人文精神提供的思想价值

而使国家权力服务于社会公众的共同意志，即法的权威。应当说，实行法治是一个国家现代化建设的客观要求。

但笔者要指出的是，法治是具有丰富内容的时代命题。法治并不是人类理性随意的创造，它的最为深刻的根据在于社会的经济发展及相关政治、文化生活发展的内在要求。法治就意味着一个社会文明发展的特点。

从历史上看，当人类还普遍处在自然经济或半自然经济条件时，由于自然经济的特征，以及相关的政治、文化因素的作用，不可能出现法治文明。就自然经济特征而言，这种生产是为了满足生产者个人或某些特定社会集团的需要，而不是为了交换，生产活动的封闭性、保守性，使得社会主体的活动以血缘关系为纽带展开，这时伦理规范的整合功能在社会生活中具有很重要的意义。与此相关的是政治生活的专制和独断，即所谓的国家规范和法律，这时占主导地位的实际上是家族伦理关系的放大，在当时中国和世界其他国家的发展中我们也都能看到这样的时代内容。人们对家长的尊重被神圣化为对皇帝的崇拜，皇帝是最大的家长。在文化上，血缘情感、伦理道德等成为一个国家通行的主体精神和社会规则。从理论上做一抽象，我们说那时人类还处于"自然文明"或"伦理文明"的时代。这时也有法律，但法律是专制政治的附属物。没有一种力量可以和专制政治叫板。

而法治文明的时代则不同。市场经济或扩大了的商品经济与法治的联系，不是一种历史的偶合，而是具有内在的必然性。就运行机制而言，市场经济是以市场作为资源配置的主导方式的经济，这种经济活动看上去只是人们经济生活的方式变化了，其实深入分析则是改变了人的生存方式，即人们的生产不只是为了满足生产者或某些特定的社会集团。生产从一开始就具有交换性、等价性、平等性，开放、流通、竞争等经济活动的特点使一切自然人、法人与国家一样，都必须以独立的权利主体出现，在市场上求得生存和发展。这样，市场经济客观上就需要一种表面上凌驾于社会之上的力量，赋予市场主体维护自身利益，以保障自己追逐自身利益合法权利。市场经济所需要的规则具有一定品格上的要求，只能由法治承担这个角色。人们的经济生活反映到政治及文化上，民主政治、社会正义、公正平等、保障人权等价值原则，就成为这个社会存在和发展的客观要求，并取代把血缘情感、伦理规则、血缘共存等观念绝对化的伦理时代。如此我们可以看到当代中国正在进行的社会变迁的意义所在。

但法治或法治文明带有必然性的内容，人们对它认识是一个过程，并且法治的思想也是在历史中不断丰富和得到发展，人文精神是法治理想的思想基础。

（二）人文精神与法治理想的源、流考察

我们在这里从法治理想的源、流的两个方面，探讨一下人文精神的思想何以影响法治理想的发展。为了便于思考，我们先从具有典型形态的西方法治的发展与人文精神的关系分析入手。

1. 古代希腊的法治理想与人文精神

古代希腊所创造的文明对现代西方的发展具有重要的意义，许多现代文明的要素都可以在古代希腊找到它最初的胚胎或萌芽。古希腊也是西方法治理想形成的源头所在。其中最有意义的，就是古代希腊柏拉图和亚里士多德对法治理想所做的系统论述。

柏拉图对法治国家的思考，集中在他的《法律篇》中。柏拉图认为，法律统治是"第二等好国家"的模式，政府以法律为至上，人们都服从法律的规定。"如果一个国家的法律处于从属的地位，没有权威，我敢说，这个国家一定要覆灭；然而，我们认为一个国家的法律如果在官吏之上,而这些官吏服从法律,这个国家就会获得诸神的保佑和赐福。"① 柏拉图推崇法治,与他的经历有关,② 但从根本上说柏拉图并没有放弃他"一等"的理想。

柏拉图的这种思想冲突成为亚里士多德法治观理论的突破口。亚里士多德在《政治学》中明确提出了"法治"优于人治的命题。亚里士多德指出"法治"一词的基本要素:"法治应包含两重意义:已成立的法律获得普遍的服从,而大家所服从的法律又应该本身是制定得良好的法律。"③ 这里,其一强调了守法对法治的意义。公民的活动要服从法律,国家政治权力要受制于法律,法律要成为国家社会生活的最高权威。其二法在品德上应是良法的要求。所谓良法,亚里士多德的主张,法应是为了公众的利益而非某一阶级(或个人)的利益;人们服从法律并不是武力的强制,而是出于自愿;法所维护的是有利于一个政体持久的机制。

我们这里不从古希腊的柏拉图、亚里士多德法治理想所具有的历史成就上讨论问题,而是着重探讨这种法治理论形成的人文基础。有资料表明,古希腊人的法治思想源于他们对正义的向往,以及基于这一向往而产生的对法律普遍遵从的信念。用现代人的观念来看,正义当然是人文精神重要的文化要素。但在古希腊,人们在表达正义的信念时,最初是与宇宙神灵的传说相联系,赋予正义以神圣的特性或光环。是自然哲学家的努力,使人们逐步从正义的神的解释中得到解脱,开始寓于人性的意义和世俗化的说明。因此,英国学者詹姆斯·希尔说,随着希腊社会的进化,"人们对独立理性思维的依赖和对理解准确性的寻求不断增

---

① 柏拉图. 法律篇 [M]. 郭斌和, 张竹明, 译. 北京: 商务印书馆, 1986: 715.
② 柏拉图曾于古希腊的叙拉古城邦推行他的《理想国》的主张, 但最终失败, 自己不幸被卖为奴隶, 后经柏拉图朋友帮忙才千辛万苦将其赎回后, 他的思想有所转变。
③ 亚里士多德. 政治学 [M]. 吴寿彭, 译. 北京: 商务印书馆, 1983: 163.

长，形成从神话到理性的进步。理性思想渗入了整个社会和文化的发展中。"①

但既然正义不再依据于神，而是人的理性，法律的正义性和运作的正义性的基础问题，就凸显出来，人们在服从法律的时候，就自然要过问服从的理由。有学者指出，这个问题首先是智者学派挑明的。② 智者学派的普罗塔戈拉提出"人是万物的尺度"后，各种价值概念便失去了客观性和确定性，什么是正义的行为失去了客观标准。正是在这个意义上，德谟克利特提出了自己的见解，他说："我们既然是人，对人的不幸就不应该嘲笑而应该悲叹"，"因自己的同类遭受不幸而喜欢的人，只看到一切人都是安排着受命运的打击的；他们也是没有真正的快乐的。③"法律根本上说以保障城邦人民的生活安宁为天职。这是法律正义性的基础。

柏拉图是人类思想史上最杰出的思想家之一，他在《理想国》中通过分析城邦、国家的正义来认识个人的正义。他说："我们建立这个国家的目标并不是为了某一个阶级的单独突出的幸福，而是为了全体公民的最大幸福；因为，我们认为在一个这样的城邦里最有可能找到正义，而在一个建立得最糟的城邦里最有可能找不到正义。等到我们把正义的国家和不正义的国家都找到了之后，我们也许可以做出判断，说出这两种国家哪一种幸福了。"④ 国家的正义和个人的正义是相似的。正义是宇宙理念的体现，它适用于一切的人和事，每个人按照正义各守其分。

---

① 佩里. 西方文明史（下卷）[M]. 胡万里，王世明，黄英等，译. 北京：商务印书馆，1993：62.
② 梯利. 西方哲学史 [M]. 葛力，译. 北京：商务印书馆，1995：25.
③ 北京大学哲学系外国哲学史教研室编. 古希腊罗马哲学 [M]. 北京：商务印书馆，1975：111，124.
④ 柏拉图. 理想国 [M]. 郭斌和，张竹明，译. 北京：商务印书馆，1986：113.

<<< 第四章　法治作为人类的理想与传统儒学人文精神提供的思想价值

亚里士多德继承了柏拉图主张正义的法理思想。他认为，城邦是自由人的联合体，而城邦以正义为原则。正义首先就在于它具有的普遍性，他强调正义的自然法品德，认为自然正义以自然法为依据，体现了人类的理性和道德标准，是国家制定的实在法的依据。它的意义就是："自然的公正对全体公民都有同一的效力，不管人们承认还是不承认。"①

可以说，古希腊的法治理论，正是从古希腊人对正义理念的追求的基础上形成和发展起来。为此，著名西方思想史专家文德尔班指出："我们遇到两个假定，这两个假定即使在这些思想家中也是被认为是明确的先决条件。第一个假定是法律的合法性。朴素的意识服从命令，不问命令从何而来，不问命令是否正当。法律存在，摆在那儿，有道德的法律也就有法庭的法律；它们既经存在也就永远存在，个人只能服从。在智者学派之前，无一人曾想到过检验一下法律，问一问法律自称的合法权利究竟基于什么。第二个假定是，在所有民族、所有的时代讨论道德问题时的一种基本信念，即服从法律有利，蔑视法律有害，从这种思想出发，告诫方式是采取一个令人信服的忠告，击中被告诫人的心灵和在他内心潜伏着的欲望。"② 可以说，力求在正义道德的基地上建立法治的理想框架，这是人文精神文化从法治理念形成之初就作为其基础性的思想。

2. 法治理想在近代的发展与人文精神

不仅从法治理想源头上可以证明它与人文精神文化观念的内在联系，而且从法治理想在近代发展的流变上，也可以证明二者的内在联系。从思想史上来看，西方在经历中世纪的洗礼时，当时在精神上受到

---

① 亚里士多德. 尼各马可伦理学 [M]. 苗力田，译. 北京：中国社会科学出版社，1990：102.
② 文德尔班. 哲学是教程（上卷）[M]. 罗达仁，译. 北京：商务印书馆，1997：103.

83

基督教的垄断，同时当时日耳曼诸侯王国的战乱也对西方社会以深刻影响，人们付出了丧失自我、个性和自由的沉重代价。法治理想的再次崛起是与当时文艺复兴运动有密切的联系。其中当时的人文主义的思潮为法治理想提供了重要的精神食粮。美国学者梯利说："近代精神是反抗中世纪社会及其制度和思想的精神，也是在思想和行动领域里人类理性的自我伸张。这种活动自文艺复兴开始，延续到16世纪和17世纪；宗教改革，30年战争以及英国和法国（福隆德运动）的政治、社会革命是这种变化的征兆。"① 虽然对近代法治思想而言，文艺复兴的人文主义运动并没有新的理论建构，它们也还主要是使古代希腊罗马法治理念的复兴，但由于经过了历史的曲折和精神的反省，文艺复兴运动提供的思想养料直接主张恢复人和与人密切相关事物价值的判断，强调人们要重新确立人在世界的主体地位，把人的思想从蒙昧和神秘的信仰中解放出来，还原于智慧和理性。人们在发现自身价值的时候，也发现了包括法治在内的一切社会规则的价值和作用。正是在这样的条件下，作为法治思想基础的人文精神文化内涵达到了进一步深化。人文主义还通过哲学、政治学等形式将自由、平等和正义等问题提了出来。然而，无论通过文学的形式，还是哲学、政治学等形式，它们共同的特点在于，不再像古希腊罗马时代那样，仅仅通过正义的概念去表达人文精神的文化内容，而是突出了人的价值、自由、平等等社会理想，尤其是用人的自由权利的理念来表达人文精神的文化内容。这种人的自由权利理念可以说是在一个新的高点上奠定近代法治的思想基础，并由此展开了近代法治理论的创新。

以英国的约翰·洛克为代表的自由主义法治学说，在人文精神文化的影响下，以人的自由权利为宗旨展开其全部的理论思维。为了证明人

---

① 梯利. 西方哲学史［M］. 葛力，译. 北京：商务印书馆，1995：421.

<<< 第四章　法治作为人类的理想与传统儒学人文精神提供的思想价值

的自由权利具有神圣性和不可剥夺性，洛克接受了当时流行的"自然状态说"和"社会契约论"的理论，认为人的一切权利都是与生俱来的，但在自然状态下，人们有的这些权利很不稳定，不断面临别人的侵犯，为了社会繁荣和安全，人们通过协议自愿放弃一部分自然权利。政府和社会本身的起源也在于此。但他反对英国学者霍布斯的主张，强调人们放弃的仅仅是一部分权利，而像生命、自由和财产的权利并没有放弃，从而为人的自由权利的神圣性做论证，并由此强调政府的产生要基于公民的同意；政府的权力必须要受制于保障公民自由权利特定的目的；民主是自由权利的政体基础。

孟德斯鸠是近代法治理论的又一个重要代表。孟德斯鸠生活在当时专制主义占主导的法国。从资料表明，在当时的欧洲专制主义还有很强的"吸引力"，人们在经历了法国的宗教战争，德意志的30年战争，英国的内战，在心灵上造成了极大的不安，有一种强烈的企求和平的愿望，结束欧洲"严酷世纪"的一种混乱状况。专制主义者辩称只有强大的中央集权才能有效地维持秩序，稳定各方面的局面。法国是当时专制主义的中心，孟德斯鸠受当时人文主义思潮及启蒙运动的影响，对法治理论做了深入研究，就其研究的线索而言，他仍然是把法治和自由权利相结合，但考察的重心则转向了政体。孟德斯鸠认为，法治就在于维护自由，法治和自由实现的关键在于良好的政体，"一个公民的政治自由是一种心境的平安状态。这种心境平安是从人人都认为他本身是安全的这个看法产生的。要享有这种自由，就必然建立一种政府，在它的统治下一个公民不惧怕另一个公民。"[①] 孟德斯鸠把政体分为三种，即共和政体、君主政体和专制政体。在他看来，对自由而言，权利是掌握在一人手中（专制），或少数人手中（君主制）或全体人民手中（共和

---

① 孟德斯鸠. 波斯人信札 [M]. 罗大冈, 译. 北京: 人民文学出版社, 1984: 55-156.

制）并不重要，关键在于这些权利是如何行使的，它们和法律是处于怎样的关系。只有在权力被适当分配，并按照规则运行的政体中，自由才是最为安全的。孟德斯鸠还从自然环境、人文地理、风俗习惯、性情爱好等因素考察自由和法治实现的条件。

　　卢梭是近代法治理论的又一重要代表，卢梭的法治理论同样是以人的自由权利的理论作为思考的起点和归宿。卢梭曾指出：我崇拜自由，我对于统治和奴役是同样地憎恨。① 这种自由，在卢梭认为不仅是每个人生存的主要凭据，也是人区别于动物的最根本的标志。在一些动物之中，区别人的主要特点的，与其说是人的悟性，不如说是人的自由主动性的资格。② 然而，人生而自由，却又无往不在枷锁中，卢梭用当时流行的自然状态说揭示了人从自由（自然状态）到不自由的历史过程，并以维护人的自由的角度提出法治社会的理论框架。这突出强调的是（1）社会是一个契约，契约的核心在于每个结合者及其自身的一切权利全部都转让给整个的集体。但这时人们转让的是自然的自由，获得的是比自然自由更高级的社会的自由。（2）契约即公共人格的确定，推动力是法律，立法的目的在于体现人的自由。要区分公意和众意。众意只是个人私意的总和，公意属于更高一层全体统一意志的体现。法律只不过是公意的宣告，是公意的行动。法律是政治体的唯一动力，政治体只能是由于法律而行动并为人感到：没有法律，已经形成的国家就只不过是一个没有灵魂的躯壳，它虽然存在但不能行动。因为每个人都顺从公意，这还不够；为了遵循公意，就必须认识公意，于是就出现了法律的必要性。（3）自由就是服从自己规定的法律。卢梭认为，法律体现的是公意，因此人们服从法律，就是服从自己的自由意志。法律具有至

---

① 卢梭. 社会契约论［M］. 何兆武，译. 北京：商务印书馆，1982：14.
② 卢梭. 论人类不平等的起源和基础［M］. 李常山，译. 北京：商务印书馆. 1997：83.

上性。因此他说，我愿意自由地生活，自由地死去，也就是说，我要这样地服从法律：不论是我或任何人都不能摆脱法律的光荣的束缚。这是一种温和而有意的束缚，即使是最骄傲的人，也同样会驯顺地受这种束缚，因为他不是为了受任何其他束缚而生的。① 自由是法律的灵魂，但自由离不开法律的保障和约束。（4）主权在民，政府只是主权的执行人。卢梭认为，主权就是社会契约赋予政治体制支配其成员的绝对权力。主权不可转移、不可让渡，是一个集体的生命，只能由人民来掌握。人民是主权的承担者。政府是主权的执行人，他们以主权者的名义在行使着主权者所托付给他们的权力，他们的行为必须符合主权者的约定。权力委托和法律规制是法治政府创制的两大基本原则。

3. 人文精神的张扬与现代法治思想的深入

法治理论在现代出现重要转向，其具体表现为法治理论开始走出单一、狭隘的"法"的范围，呈现多元化趋势。法治的功能得到进一步拓展。当代占主导的主要是新自然法学流派、实证主义学派、社会法学派等流派。这些流派都在不同程度上继承和发展了近代启蒙思想家人文精神的思想理念，主张国家应保障个人合法权利，在立法、执法和司法中都要体现正义的原则。但由于学术路向的不同，在对法治的认识倾向上侧重点不同。大致有三种各具倾向性的认识，从而出现了三种意义上的法治含义。

其一，法律意义上的法治（形式法治）。主张这种观点的学者一般把法治问题限定在法律领域内进行讨论。他们普遍关注法律的形式化，强调实证方法的重要性。新实证主义法学家拉兹认为，法治包括两方面的含义：（1）人们应当由法律所统治并服从法律；（2）法律应当能够引导人们的行为。为了保证法律具有引导人的行为能力，拉兹又提出了

---

① 卢梭. 论人类不平等的起源和基础［M］. 李常山, 译. 北京：商务印书馆. 1997: 51.

法治的若干原则。这些原则也就是为实现法治所要求的法律形式要件,包括所有法律都应该是不溯及既往的、公开的和明晰的;法律应当是相对稳定的;特别法的制定应依据公开、稳定、明晰和以一般的规律为指导;司法独立必须予以保证;自然正义应予遵守;法律应当具有审查权力,以保证其他原则的实施;法院应当是容易接近的;不应允许预防犯罪的机构利用自由裁量权歪曲法律。这些原则有的是对法律本身的要求,有的是对法律实施机构的要求。

其二,价值意义上的法治(实质法治)。主张这种观点的学者的基本特点是从伦理观念出发认识法治,努力解释法治的政治、伦理含义,规定法治的终极目标即正义、善和个人权利的自由。新自然法学派的代表人物罗尔斯和德沃金、新自由主义法学派的代表人物哈耶克持有这样的认识路向。

美国哈佛大学教授罗尔斯于1971年出版的《正义论》一书中提出两个正义原则,即:"第一,每个人都具有这样一种平等权利,即与其他人的同样自由相容的最广泛的基本自由;第二,社会和经济的不平等将是这样安排的:(1)合理地指望它们对每个人都有利,(2)加上地位和官职对所有人开放。"[①] 第一个原则被称为平等原则,第二个被称为差异原则。平等原则主要考虑确立和保障公民的平等自由;差异原则适用于收入、财富和社会地位的分配,即如何对待人们之间的不平等。罗尔斯在这个方面观点的特点在于,强调一切社会经济不平等只有对所有人,特别是对处于最不利条件的人来说有利的情况才是合理的。而对由于社会或自然条件造成的不平等,社会应采取补救措施。罗尔斯的社会正义原则在这里就是在追求实质的正义。他还提出了正义的四个原则:法律的可行性;类似案件,类似处理;法无明文规定不为罪;自然

---

① 罗尔斯. 正义论 [M]. 何怀宏, 何宝钢, 廖申白, 译. 北京:中国社会科学出版社,1988:66.

正义观。在他看来，法治是实施正义的前提。

德沃金在1977年出版的《认真对待权利》一书中也讨论了法治问题。德沃金认为法治的基础在于权利的合理安排。权利有丰富性的内容，它们可以是法定的权利，也可以是道德或政治上的权利，既可以是实证上的权利，也可以是"自然权利"。在所有权利中，他认为最重要的是关怀和尊重的平等权利。政府必须以关怀和尊重的态度对待其所治理的人民，政府不仅关怀和尊重人民，而且要平等地给予关怀和尊重。也就是说，政府绝不能以某些公民值得倍加关怀而使他们有资格获得更多的商品和机会，也绝不能因某些团体中某个公民的更好生活，而限制他人的活动。法治反对形式上的平等，强调实质上的平等，主张给不利地位的群体和个人以更多的保护。

哈耶克作为新自由法学派的代表人物，他主张法治要建立在完整的社会秩序观的基础上。他认为，法治首先是一种自由秩序，法治是个人自由的必要条件，而非障碍。其次法律面前人人平等，任何法律都应平等地适用于每一个人。以平等地增进每一个人的机会为目标。其三民主的政府应该是受限制的政府，政府的行为应严格限制在合法范围内。哈耶克对法治之法应具备的属性也做了论述。他认为法治之法的原则要素为：法的一般性与抽象性，法的公知性和确定性以及法的平等性。我们不仅要从法律的层面，而且要从价值层面对法治进行探讨，创设形式法治和实质法治相结合的模式。

其三，社会意义上的法治。主张这种观点的学者强调从法律或社会的关系中发现法治得以形成和维持的真实根据。当代的法学家昂格尔基本坚持这样的认识方向。他在其力作《现代社会中法律》一书中，从历史转变和现代社会的转折两个层面上透视法律，阐述了法在复杂社会中的地位。认为法治秩序下的法律不仅应具有公共性和实在性，更重要的是应具有普遍性和自治性，而法律的普遍性和自治性属法治的根本标准。法律的普遍性，是指立法的普遍性和适用法律的一致性。昂格尔指出："为了确保普遍性，行政必须与立法相分离；而为了确保一致性，审判必须与行政相分离。实际上，这两个分离恰恰是法治理想的核心。"① 法律的自治性表现在实体、机构、方法和职业四个方面，即存在一套独立的法律规则体系。法治的首要前提：保持司法独立；法律推理具有一种有别于科学解释以及伦理、政治经济论证的方法或风格；存在一种相对独立的法律职业集团。在探讨法治产生的社会历史条件时，他认为，现代法治形成需要两个前提条件：一是集团多元化，二是自然法观念。只有将两者结合起来，才导致法治理想的形成。可见，昂格尔的法治思想一方面关注法律的形式化，另一方面注重法律来源于社会，既要考虑社会组织的特性因素，又要考虑文化及社会意识模式的因素。

法治功能的拓展是现代法治理论发展的又一个重要方面。有限国家和有限政府的理论主张是近代法治学说的表现，但随着当代行政权的扩大，公法与私法的界限开始变得模糊，国家对社会经济生活干预加强，近代理论已经不能解释国家权力在法律制度中出现的新变化，一些新的理论开始活跃。如关于政府的自由裁量权问题。按近代法治的理论，国家行政机关"行使权力的所有行为，即所有影响他人法律权利、义务和自由的行为都必须说明它的严格的法律依据"，② 以排除行政机关广泛的自由裁量权为前提；而现代社会出现了由"议会主导"到"行政主导"的趋势，行政机关的自由裁量权逐渐扩大，有学者对这一现象做了重新解释。指出保护公民权利当然必须控制政府权力，但政府权力与公民权利要平衡，政府在自己的权限范围内行使权力是保障公民权利的最主要的手段。现代法治实现了由过去的"消极限权"向现代"积

---

① 昂格尔.现代社会中的法律[M].吴玉章，周汉华，译.北京：中国政法大学出版社，1994：47.
② 韦德.行政法[M].徐炳，译.北京：中国大百科全书出版社，1997：25.

极控权"的转变。"限权"是从静态的角度消极地划分政府权力以及行使权力的方式。"控权"则是在静态划分的基础上根据社会生活的实际需要扩大政府权力的范围,并通过有效的控制手段实现对政府权力的调控。① 他们认为"守夜人"的观点"太脱离现代民主社会的现实"。我们要设法在一个权力扩大的社会中维护法治和个人自由。为此,如下的原则是重要的:要有防范公共权力的非法干预和滥用自由裁量权的行政管辖;规定一些肯定的标准作为公共权力对私人权利干涉范围的界限;对合法利益必须进行不可预见的干预时应予赔偿;政府活动必须要伴之以取消政府和一般公共权力所享有的不追究法律责任的豁免权;高级行政当权以及最终由议会行使对公共权力的监督。② 这些积极控权的原则构成现代法治理论的重要内容。

4. 人文精神思想影响与中国古代法治理想

在研究人文精神思想影响法治文明的发展上,我们同样有必要研究中国古代的情况。但笔者注意到在学界有一个很流行的观点,即认为中国古代社会出现过"法制""法治"的提法或词语,但并没有所谓现代意义上法治思想,因此不能说中国古代就有了法治思想。这其实是用西方的法律概念作为度量或评价问题的标准而形成的看法。法治作为一种治国之道,无论其理论的蕴含或实践的经验都具有极大的历史丰富性,由于不同国家社会基础上的差异,每个国家都会有自身的表现方式。法治文化不是抽象的,它有着在历史的发展中逐渐积累并发展起来的诸多要素,其中的每一个要素都应有一个历史的形式过程,从这个意义上说,我们必须辩证地去分析在不同国家法治学说或思想。

就中国古代法治思想的形成和发展而言,深深受到中国古代人文文

---

① 陈波. 近现代西方法治观的嬗变及其借鉴意义 [J]. 武汉交通管理干部学院学报, 2002 (04): 10-13+88.
② 沈宗灵. 现代西方法理学 [M]. 北京: 北京大学出版社, 1992: 481.

化的制约和影响，因而使其理论在表现上具有了特殊性。先秦法家的法治理论在中国古代法治学史上占据极为重要的地位。先秦法家认为，要实行法治，首先必须"以法为本"，必须制定出体现国家利益，人人必须遵守的行为规范，作为实行赏罚的依据。主张法的公开性、平等性、客观性和稳定性等，但法家主张的法主要内涵是"刑"，"凡所治者，刑罚也。"（《韩非子·诡使》）法体现的是君王的意志和利益，这与中国当时社会发展的客观条件有密切的关系。但我们必须提出，中国法治思想形成的最初状态有深刻的人文文化的因素。中国古代人文文化深刻反映了当时中国古代社会经济基础的要求，也就是中国古代社会是在没有摧毁以血缘为纽带的原始氏族组织形式的情况下，由原始社会直接跨入了奴隶制国家，因此，中国古代的社会结构有其明显的特征，这就是宗法制度。在中国，这种宗法制度不仅反映在家庭社会上，而且还反映在国家政体、结构及整个社会的人际关系上。对这种社会结构的定式，有的学者做了很好地概括。① 第一，严格的父系单系世系原则。就是说，在血缘家族的世系排列上，完全排斥女性成员的地位，在家庭或国家政治权力的继承上也不允许母系成员染指，从而确立起"男尊女卑"的伦理关系。第二，稳固的宗族制度。宗族与一般意义上的血缘共同体的家庭、家族有别，它是以父系血缘纽带的聚合而成的家族群体。宗族有族权，它通过其人格化的代表族长、宗长来统治宗族成员，并用特有的伦理、礼法调整宗族间、人们之间的关系。宗族中还存在族规、宗训等，对宗族的维系起到很重要的作用。第三，家国同构。主要指宗族性的家庭宗族与专制主义的国家政权在权力结构上的相似性。家是小国，国是大家，家无二主，尊无二上，在家庭家族内，父家长、族长是至尊的；国家，君主统治一切，君主是至尊的。既然宗法制的社会结构是中

---

① 冯天瑜，何晓明，周积明. 中华文化史（上册）[M]. 上海：上海人民出版社，1990：200-209.

国古代社会的基础，维护着宗法制的社会结构的稳定，自然成为这个社会伦理学的客观要求，由此也就决定了中国传统文化的特征不是个人本位主义，而是整体本位主义。这种文化的实质在于，道德、价值的主体和根据是宗法关系构成的家庭、家族和维护家庭、家族的族团利益的需要。同时，由于家国同构，自然也包括维护君主专制的国家政权的需要。具体的就是通过"三纲五常"等道德规范以及仁、义、礼、智、信等一系列范畴得到反映。

对整体本位主义的人文文化的价值，不能采取简单化的态度，而要做具体分析。整体本位主义人文观强调整体利益至上，要"正其义，明其道"，在长期的历史发展中，这种人文观点积淀成诸如"崇德""人和""贵义""礼让""慎独"等民族心理以及重气节、重情操的民族精神，许多古老的格言如"见义勇为""当仁不让""杀身为仁，舍生取义""不降其志，不辱其身""富贵不有淫，贫贱不能移，威武不能屈"等都是这种民族精神的反映，因此在历史上这种人文文化价值观有其合理性，对当前人文精神的建设也有许多积极的合理成分可以汲取。但这种人文观重整体轻个体的价值取向毕竟束缚了个人自由和压抑了个性的发展，这是整体本位主义的要害所在。

但这种人文文化培植形成的国家，社会治理理论不是像有的学者认为的当然是反法治的，只是在理论的表达形态上特别强调秩序的价值和意义，以一种特殊的方式讨论整体与个体关系比较多，如儒家的"正名""礼仪"的学说都与秩序有关，他们主张"为国以礼""非礼勿听，非礼勿言，非礼勿动"。"正名"和"礼治"的思想，后经荀子严密论证，到法家那里变得更加明确了，法家一般推崇法的定分止争作用并强调社会的秩序性。韩非子宣称："臣事君，子事父，妻事夫，三者顺则天下治，三者逆则天下乱，此天下之常道也。"（《韩非子·忠孝》）这反映了中国人文文化对法治理想所产生影响的特有的路径，对这种特有路径我们必须认真对待。因为一国的法治总是在其自身民族文化条件下展开，顺着自己的文化脉络在国际交流的舞台上表现的。至于所涉及的具体内容的讨论，笔者在之后会做具体说明。

二、法治理想的思想基础分析

任何人类的创造物都是人类一定的价值选择的结果。法治凝聚着人们对国家或社会的愿望，以及人们对自己生活境遇和生活质量改变的期待。而人文精神的思想正是法治理想的思想基础。人文精神强调对人的基本价值、人的生存意义、人格尊严的人文关怀。正是从这个意义上，我们来做进一步的思想抽象，分析法治理想的人文精神思想基础问题。

（一）法治理论的逻辑起点：张扬正义与考问制度的为人本性

人文精神所要求的法律要体现正义，正是法治理论的逻辑起点。而认识并考问制度的为人本性，相信人性不需要借助于外在的某种神秘力量，人具有战胜自我的能力，这是法治理想始终内涵的人文文化品格。

在前面的论述中，我们已经指出法治的发展对正义的人文精神思想的依赖，这是法治思想的逻辑前提。但为了强调这个问题，起先学者们往往是从对人的本性的考问入手。如古希腊的德谟克里特很早就从人性的角度论证法治。他认为人性本恶。城邦之所以需要法治是维护人类自身的需要。因为人与人之间总是相互敌视、相互倾轧、相互妒忌，人性的这些弱点往往是把社会引向分裂和内乱的根源。[①] 人类的本性是追求一种快乐的生活；但人非圣贤，自私自利的人和损人利己的事总存在。

---

① 北京大学哲学系外国哲学史教研室. 古希腊罗马哲学 [M]. 北京大学哲学系，译. 北京：生活·读书·新知三联书店，1957：119.

<<< 第四章 法治作为人类的理想与传统儒学人文精神提供的思想价值

人性的伟大之处在于人能战胜自我，通过创设法治，"遵从法律"，① 使人们过上幸福生活的愿望得以实现。亚里士多德在《政治学》中也分析过人性中的恶，即人的本性中都有感情，容易感情用事或偏私；但人的本性中还有高于自然本性的理性，法治使人的欲望受到限制。正视人性的冲突，主张正义，是法治建立的基础。

西方法治发展到近代获得了更加成熟的理论内容，一批资产阶级思想家如洛克、孟德斯鸠等人对人性、对法的问题都有过重要论述。但近代思想家对法治的思考，已超越了性本恶的人性论思想，突出从政府与公民关系的角度进行论证，考察制度的为人本性。英国思想家洛克是法治分权理论的创立者，他认为："如果同一批人同时拥有制定和执行法律的权力，这就给人们的弱点以绝大的诱惑，使他们动辄要攫取权力，借以使他们自己免于服从他们所制定的法律，并且在制定和执行法律时，使法律适合于自己的私人利益，违反了社会和政府的目的。"② 我们要通过制度的设计，使人性向上的方面得到发展。孟德斯鸠在论及利益和人性的关系时说道："假如有上帝，他必须不能不是正直的；因为，假如他不正直，就有可能成为一切人中最坏的、最不完善的一个。"而人不是上帝，有人性的弱点，所以"人人都有可能做非正义之事，因为这样做，对他们有利；他们宁愿满足自己，也不愿意满足别人。一切举动，均出于对自己的考虑，没有一个毫无作为的坏人。必定有一个理由决定一切，而这种理由，总不外乎利益。""人人并非永远看得见这种关系，往往甚至看见了还故意远而避之，而利益所在，人人眼明，却永远如此。正义发出呼声，但是人之七情，纷纭错杂，正义呼声

---

① 北京大学哲学系外国哲学史教研室. 古希腊罗马哲学 [M]. 北京大学哲学系, 译. 北京：商务印书馆, 1982：67.
② 洛克. 政府论（下）[M]. 叶启芳, 瞿菊农, 译. 北京：商务印书馆, 1996：89.

95

很难听见。"① 因此，法律作为正义的准则来调整人们的利益关系是必要的。任何一种社会秩序类型都以对人性的特殊设定和估价为前提，对人性的正确认识和评价是法治思想的重要基础。

（二）法治的思维基础：理性至上

强调人自身理性的力量，以人的理性作为认知方式并使人的行为控制在合理的状态，是人文精神作为法治思想基础的又一个表现。理性不仅催生出法治主义的诞生，追求理性也成为法治始终如一的目标。

理性是自然法的本质，自然法与理性紧密联系是西方自然法理论的传统。在历史上，自然法学者对理性与法律关系的认识经历了从天上到人间的复归过程。古代的自然法学家常常把理性与自然相等同，强调理性的普遍性与永恒性。早在古希腊，亚里士多德在《政治学》一书中将法律定义为"不受主观愿望影响的理性"，他认为，法律不会说话，不会像人那样信口开河，今天这样说明天那样说，法律具有稳定性，是"没有感性的智慧"。② 斯多噶学派认为，维系宇宙的基本原则是理性，自然法即是理性，理性是判断善恶、是非的标准，自然法是判断人为法的基础。虽然斯多噶学派将理性与自然等同，将普遍理性与正义和法律相衔接，但对自然、理性与正义和法律关系进行系统论证的是西塞罗。罗马法学家西塞罗第一次明确提出自然法的本质就是正确的理性。西塞罗认为，人是自然界里最特殊的动物，其特殊性就在于人是所有生物中唯一具有优越理性的种类。人和神具有同种德行，任何其他种类的生物都不具有它。这种德性不是别的，就是达到完善，进入最高境界的自

---

① 孟德斯鸠. 波斯人信札 [M]. 罗大岗, 译. 北京：人民文学出版社, 1978：145.
② 亚里士多德. 政治学 [M]. 吴寿彭, 译. 北京：商务印书馆, 1983：163.

<<< 第四章 法治作为人类的理想与传统儒学人文精神提供的思想价值

然。① 自然予人以理性,理性是上帝与人类的共同财产,是人与上帝沟通的桥梁。法律是最高的理性,是自然生出的指导人们应做而不应做,这种理性在人类理念中稳定而充分发展便是法律。法是一种自然的权利,是理智的人的精神和理性,是衡量正义与非正义的标准。② 由此可见,理性主义构成西塞罗自然法思想的精髓,在西塞罗的思想中,法律、自然、理性三者之间存在着某种同一性,而其中的正当理性就是宇宙的主宰力量。

理性主义在西方的发展是曲折的。在古希腊才开始萌芽的西方法治理念在中世纪遇到挫折。中世纪是一个非理性的时代,以神性取代人性的神治主义笼罩欧洲大陆,神是世界的主宰,人是没有任何独立性的躯壳。就其现实的人的生活而言,人的自由几乎被完全剥夺,封建等级制度与基督教神学相互结合,使人的独立、尊严及自由遭受到普遍的压抑和否定。在这种背景下,要形成法治主义,必须恢复和重建人类理性。于是以反对神性、呼唤人类理性为宗旨的人文主义揭开了人类解放的序幕。人文主义者用人道来反对神道,提倡个性解放、个人幸福,反对封建束缚,肯定了人的尊严、人的伟大,这一时期人文主义张扬人性,反对神性,为理性主义在西方的恢复奠定了基础。

17 世纪和 18 世纪是一个启蒙的时代,启蒙即光明之意,而这个光明即是理性之光,所以"理性"是启蒙时代的汇聚点和中心。启蒙思想家们称他们所处的时代是"理性时代",他们以理性对抗神学,以人权反对神权,以知识消除蒙昧,以建立合乎理性的社会和培养理性的个人。他们认为理性是人类的一种自然的能力,是"自然的光亮",这种

---

① 西塞罗. 论共和国论法律 [M]. 王焕生,译. 北京:中国政法大学出版社,1997:193.

② 西塞罗. 论共和国论法律 [M]. 王焕生,译. 北京:中国政法大学出版社,1997:120.

"自然的光亮"在中世纪被淹没了，现在理性时代来临了，他们要用理性来启迪人类。他们坚信人能够通过理性之光来完善自身和社会，他们憧憬着一个更自由、更人道、更理智的社会，相信社会是进步的。在启蒙运动中作为一种认知活动意义上的理性具有了新的内涵：①从认识的主体来说，理性主义者认为一切认知活动的起点都是"人"，人是认识的主体，外部世界是客体，并且人的理性保证了人类获取的知识具有客观性和真实性，因此一切科学知识、社会制度的合理性、合法性的尺度就是理性。②从认识对象来说，理性主义者相信客观世界充满了必然的因果联系，一个有序的体系和结构隐藏在纷乱的表面现象之下，客观世界存在着必然的、普遍的规律。③从认识的方法来说，理性主义者认为数学的方法是一切科学的楷模。在笛卡儿看来，数学的方法就是从公理和自明的原则开始，以这种原则为出发点进行推理，如果推理在逻辑上是正确无误的，那么如此演绎出来的结论和命题就会同原则一样真实。①

伴随着文艺复兴、启蒙运动的兴起和商品经济的发展，17—18世纪，自然法学说达到了顶峰。古典自然法理论对法律中的"理性"范畴做了修正。在文艺复兴的人文主义推动下，他们强调"理性"是人的理性，是天赋人权、平等、自由、博爱等，试图以新的自然法理论重新规范人与人、人与社会、人与国家的关系。在他们看来，理性作为人的一种自然能力，是人们评价是非善恶的标准，是人们达到幸福所依据的方法，是人类行为和信仰的正当理由。诚如古典自然法学派代表人物格劳修斯所言："自然法是正当的理性准则，它指示任何与我们理性和社会性一致的行为就是道义上公正的行为；反之，就是道义上罪恶的行为。"②在这里，格劳修斯把自然法、道德、理性和人的本性联系起来，

---

① 梯利. 西方哲学史 [M]. 葛力，译. 北京：商务印书馆，2000：308.
② 张宏生. 西方法律思想史 [M]. 北京：北京大学出版社，1992：217.

不再把法律的基础归于上帝或宇宙自然，而是从人的理性之中寻找法律的根源。在他看来，一切法律均根源于人的本性，具体的实在法渊源于自然法，自然法又渊源于人性。作为人的本性的理性就是法律之母。他从正当理性的角度对自然法做出了道德正义性的价值评价。无论是格老修斯，还是洛克、霍布斯、孟德斯鸠、卢梭，古典自然法学家普遍认为，人类理性是自然法的内在特质和终极目标，自然法的基本原则就是突出人的价值和尊重人的基本人格，自然法体现的是人的平等、自由、公正，正是这种理性法使得西方人以关怀人、尊重人为第一要素。在启蒙运动中崛起的新兴资产阶级，经历了理性主义的熏陶后，很大程度上接受了自然法思想，并以此形成了一套理性主义的法的观念、价值、原则、制度，创立了一整套资产阶级法律体系和法治社会模式。

（三）法治的价值文化：自由、平等、人权、公正

自由、平等、人权、公正是人文精神强调要把人作为人来看待时提出的重要的价值理论，当然这种价值理论在不同的时代具有不同的内涵，它随着时代的发展不断丰富，但从抽象的意义上说，人文精神由此总是在反映这样的观点，即人的尊严和价值是特别值得重视的。人文精神所主张的自由、平等、人权、公正的价值理论，是法治理想又一重要的思想基础。法治表现为制度，内在于精神。以人文精神为基础，自由、平等、人权、公正成为法治的价值基准。

考察西方法治价值目标的确立过程和西方人文精神的发展过程，就会发现西方法治的价值取向与西方人文精神的基本内容的一致性。发轫于古希腊，到文艺复兴时期以人文主义为主题和启蒙运动时期以近代平等、自由等为核心的人文精神，铸就了西方法治的价值取向。古典法治观念已经存在尊重人和关怀人的传统。早在公元前5世纪，以普罗泰戈拉为代表的智者学派，改变自然哲学家注重研究事物的客观性和神的本

性，开始对人和社会的研究。在研究中，他提出了"人是万物的尺度"这一人文命题，表达了最早的人类中心思想。正是在这一人文命题的指导下，普罗泰戈拉反对政治、法律上的"自然论"，而坚持"约定论"。他主张，所谓正义与非正义，荣誉与可耻，事实上是法律使然。公民可以根据自己的需要和意志来废除传统的法律、道德，制定合乎自己利益的法律、道德。也就是说，法律道德的存废都应当以人为其衡量的尺度。从人的需要出发，以普罗泰戈拉为代表的希腊智者们提出了法律正义与平等的要求。他们认为，法律必须是大家同意的，是正义的准则和善恶的标准。苏格拉底深受智者学派人文思想的影响，他提出"美德就是知识"的著名论断，他说："知识即德性，无知即罪恶。"① 最高的知识就是对善的这个永恒的、普遍的、绝对不变的概念的知识。正是在这个道德观念的基础上，苏格拉底指出正义是法律的一种美德，正义的法律合乎人们的利益，能够促成人们美好而公正的生活。在柏拉图和亚里士多德时代，希腊哲学的主流已经由自然的哲学转变为人的哲学。柏拉图和亚里士多德的学说就是转变的产物。在柏拉图的政治哲学中，人既是它的出发点，也是它的最终归属。以人为逻辑起点，他首先提出了人治，但为了人的现实利益和幸福，他最终接受了法治。与柏拉图相同，亚里士多德的主张也建立在对人的认知和关怀上。他认为，追求美好的生活和幸福，这是人的本性。又因为人的本性中有恶的存在，他提出了法治的主张。此外，根据人的需要，他又对法律的统治提出了若干要求，如良法的主张。对人类自身关注的倾向，在普罗泰戈拉、苏格拉底、柏拉图、亚里士多德的学说中都可以发现，并且逐渐从一种学说演化成一种气质，那就是西方最初的人文精神。

中世纪，人文精神的萌芽被与之相对立的以神为本的神创论所中断

---

① 苗力田，李毓章. 西方哲学史新编 [M]. 北京：人民出版社，1990：54.

并取代。中世纪以神为本，以神创论为依据，认为神创造了人，人因神的存在而存在，把现实社会发展的一切统统归结为神与上帝。神创论不仅认为历史是上帝创造的，而且认为历史是为上帝服务的。它否认了社会的物质基础，更否认了人是历史的创造者。在中世纪基督教文化中，人性被淹没在神性中，人的价值和尊严被践踏。随着生产力的发展、人们对现实的感受与思想的觉醒，以神为本受到人们强烈而广泛的批判。14世纪至17世纪中期，在欧洲掀起了以人性解放为宗旨的文艺复兴运动。欧洲的文艺复兴运动是当时进步的思想家、文学家、艺术家、教育家和科学家、史学家发动、组织和领导的。这些人文主义者强烈疾呼以"人"为世界的中心，反对以"神"为中心的世界观和人生观，主张以"人性"取代"神性"，以科学、知识取代愚昧无知；以积极的人生态度和奋发进取的精神取代消极悲观和避世的人文哲学。人文主义者在反对神学的斗争中创立了人文主义思想，他们以人文主义思想为斗争武器，向反动的封建势力及其精神支柱展开了斗争，由此开始了一场资产阶级新文化运动。欧洲文艺复兴的先驱但丁大胆地歌颂了人的价值和尊严，他说："人的高贵，就其许许多多的成果而言，超过天使的高尚。"他认为："人类作为一个整体而言，它的本分工作是不断行使其智力发展的全部能力。"人的智力发展甚至比天使还强。[1] 反映了新兴资产阶级争取生存权利的愿望和乐观精神。欧洲文艺复兴时期的人文主义大力提倡发展人的意志自由和个性自由。人文主义者宣扬人的意志自由和个性自由，反对基督教主张的禁欲主义和蒙昧主义；提倡个性自由和平等，反对神权和专制主义。但丁文艺复兴时期第一个肯定"人类是自由的"，"人类一旦获得充分自由，就能处于最佳状态。"[2] 意大利人文主义者瓦拉在《自由意志论》一书中，主张每个人都有自己的思想自

---

[1] 但丁. 论世界帝国 [M]. 朱虹，译. 北京：商务印书馆，1985：4.
[2] 但丁. 论世界帝国 [M]. 朱虹，译. 北京：商务印书馆，1985：16.

由，只有独立的个性自由，才能创造出人间的奇迹，造福于人。荷兰人文主义者伊拉斯莫在他的代表作《愚人颂》中，认为自由意志是专属于人的专有名词，只有自由、快乐、知识和理性是组成道德和良心的重要因素。法国人文主义思想家蒙田的"我考虑我自己"的名言在欧洲广为流传，深刻地表达了人文主义对意志和个性的追求。文艺复兴倡导的人文主义要求冲破神权和王权压抑人的主体性和藐视人的尊严、价值、生命、权利的状况，从人本身出发，关注人的本质及人与自然的关系，更强调人的地位、尊严、作用和价值；恢复和维护人的本真的存在，强调人的主体性、意志自由性。人文主义者大力张扬自由、平等的思想，为资产阶级法治确立的自由平等原则提供了思想准备。

继文艺复兴后，18世纪在西方又开始了一场思想文化的大争鸣即启蒙运动。这个世纪出现了大批彪炳史册的人物，他们大胆的言论，深刻的思想，使许多新的政治观念得到极大的普及，并震撼着一代又一代人的心灵，使自由、平等、民主、法治等观念深入人心，深刻改变了西方人的法治观念和思维方式。文艺复兴后，人道主义逐渐取代人文主义一词，并广为流传。到18世纪时，资产阶级接过文艺复兴时代人文主义精神的接力棒并继续前进，使人道主义成为启蒙运动的指导思想。以孟德斯鸠、伏尔泰和卢梭等为首的启蒙思想家，针对"王权神授"说，提出了"天赋人权"的观念，申明了自由、平等的思想。这一思想的前进，是基于资本主义经济的发展，而表现在政治上，也是从文艺复兴时期向封建神权挑战，发展成为直接指向封建等级制的特权。启蒙思想家普遍认为特权制度一贯依靠的不是契约而是暴力和专横，所以应该加以根除且取而代之以自然、合理的共和制度，以保障人们的权益。

文艺复兴时期的人文思想在启蒙时代具体化为"自由、平等、博爱"等内容。卢梭是对西方近代思想有着深刻影响的人物，他的"每一个人都生而自由、平等"和"人生而自由，却无往不在枷锁之中"

的格言，点燃了为自由、平等而奋斗的烈火。卢梭对自由平等是这样解释的："自由是因为一切个人的依附都要削弱国家共同体中同样大的一部分力量；平等是因为没有它，自由便不存在。"①"一个人抛弃了自由，便贬低了自己的存在；抛弃了生命，便完全消灭了自己的存在。因为任何物质财富都不能抵偿这两样东西，所以无论以任何代价抛弃生命和自由，都违反自然同时违法理性。""放弃了自己的自由，就是放弃自己做人的资格，就是放弃人的权利，甚至就是放弃自己的义务。对于一个放弃了一切的人是无法加以任何补偿的。这样一种弃权是不合人性的，而且取消了自由意志的一切自由，就是取消了自己行为的一切道德性。"②"法律面前人人平等"原则正是在这一思想背景下写进资产阶级宪法的。自由平等并不排除法治。"人是自由的，尽管屈服于法律之下，但那只不过是服从既属于我自己所有也属于任何别人所有的公共意志，……法律的条件对人人都是同等的。因此既没有主人，也没有奴隶。"③

在思想界，洛克的自由主义思想奠定了西方自由主义法治传统的理论基础。洛克认为，人生来就享有完全自由的权利并不受控制地享受自然法的一切权力和利益，人们在自然状态下拥有天赋的自由平等权利，人们同等地享有一切权利，人们可以自由活动，自由地追求财富，在自然状态下个人自由决定自己意志和行动的权利。在社会状态下，它是在不妨碍他人的前提下个人所拥有的一切权利。洛克还认为，公民还具有在法律面前一律平等的权利。法律以自然法为依据，它是对全体社会成员的要求和准则。洛克把法律看作自然法在社会状态下的要求，它的意

---

① 法学教材编辑部. 西方法律思想史资料选编 [M]. 北京：北京大学出版社，1983：67.
② 卢梭. 社会契约论 [M]. 何兆武，译. 北京：商务印书馆，1982：137.
③ 卢梭. 社会契约论 [M]. 何兆武，译. 北京：商务印书馆，1982：16-24.

义在于维护和保护公民天赋的自由和平等。他指出："法律的目的不是废除或限制自由，而是保护和扩大自由。这是因为在一切能够接受法律支配的人类的状态中，哪里没有法律，哪里就没有自由。"[1] 洛克更多地强调了个人自由，主张把个人的天赋人权——生命、自由财产等认作立法的原则。他把自由平等的权利上升到自然法的层次，并把它理解为自然法的要求。洛克对自由平等的界定，构成了近代自由主义思想的基本框架，也正是洛克的自由主义的理论为资产阶级民主政治和法治的形成提供了依据。

资产阶级的革命运动最终确立了法律在社会生活中的地位，确立了人本思想。从法国的《人权宣言》到美国的《独立宣言》，都是对长期存在的对人的平等、自由权利的不懈追求的结晶。而且，西方法治社会所确立的私权神圣、契约自由、罪刑法定等法律原则和制度，无一不是弘扬自由、平等、权利的一种体现。可以说，西方的法治文明表现出对人的尊严、自由、平等和权利的张扬和保障，在精神层面上获得了符合时代需要的内容。

研究法治文明与人文精神一般的关系，我们要发现在我们建设中国社会主义法治的过程中，已获得的思想成果，这些思想成果有大量是外来的。对大量外来的文化，我们当然不能采取简单排斥的态度，而是要根据中国的实际要求积极地吸取。同时，我们又必须认识到，虽然这些大量的法治观念是外来的，这些理想、观念除带有一定的民族思维的特征，认识上的民族特点以外，也有属于时代性的内容，这是具有普遍性意义的。当然中国的法治建设在大量吸收外来先进法治理想和观念以外，有必要认真检讨作为中国古代主流文化的儒学思想，可以给我们带来哪些有价值的思想养料。对这个问题的探讨，一个前提在于要认识中

---

[1] 洛克.政府论（下篇）[M].叶启芳，瞿菊农，译.北京：商务印书馆，1997：36.

国法治的发展，确认中国法治的发展除了法治文化的一般性内容，还要注意其作为民族性、特殊性的内容的根据问题。

三、中国法治现代化历程及传统儒学人文精神所具有的普适性思考

中国社会全面地把法治作为治国的方略确定下来，是20世纪90年代才开始的事业。法治对中国来说当然是一个法律制度现代化的问题。中国社会法治的发展，除了要借鉴西方积极的法治文化和理论之外，传统儒学人文精神思想也应是重要的方面。这就涉及如何分析法律全球化、传统儒学人文精神思想对中国法治的发展具有什么意义等问题。

（一）法律全球化与中国法律现代化路径

关于法律全球化，我国学者的研究方兴未艾，学术界主要形成三种观点：

第一种观点对法律全球化持反对的意见。认为经济全球化并不必然是政治全球化和法律全球化。认为尽管我们应该注意经济全球化对法律的重要影响，但二者不能简单等同。当代世界在政治上具有多极化的趋势，提出所谓建立一个清一色的法律王国的主张是很空洞的。同时不同国家由于政治制度选择的不同，经济发展水平上的差异和民族文化、宗教、习俗等方面的区别，都使得国家与国家之间的法律差异的存在将是长期的。所谓不受任何国家控制的甚至是所谓全球化的能对所有国家起制约的法律只能是不切实际的幻想。法律全球化的提法只能模糊人们对法律概念的理解，混淆对事物的正确认识。法律全球化的提法也根本不符合法理，它缺乏存在的合理性根据。

第二种观点对法律全球化持肯定的主张。认为由于经济的全球化迟早将导致法律的全球化。全球化是必然性的要求。其论证是认为先进的

通讯和信息网络传输技术以及贸易、服务、投资和人员流动大大缩短了时空，把全人类史无前例地拉近和联系在一起，这种现实催生出"寰球一村"的全球意识和文化。这种全球文化相互影响、借鉴、竞争、冲突，从而在保持文化多元的同时形成最低限度的全球共享的文化，如政治民主、反对腐败、法治、尊重和保护人权、尊重科学技术、追求真善美、民族文化之间相互宽容等。由此，建立在主体利益与全球利益的平衡基础上的如人权和主权的关系、个体发展生产的权利和生态平衡的关系等已成为具有普遍性意义的法学研究话题，这是法律全球化的基础。

  第三种观点也对法律全球化持肯定的主张，但认为要客观、全面地看待法律全球化问题，既反对全盘移植发达国家的法律体系，也不轻易否定全球化现象的存在。认为当下正在展开的经济全球化进程，深刻地改变着全球法律生活的基本面貌，重新塑造着每一个国度或民族的法律构架。在这一个全球性重构的时代进程中，必定对每个国家的既有法律体系、法律规则带来挑战，促使它们调整与革新，以适应正在发生剧烈变化的全球经济与社会环境。这就是法律全球化的根据所在。

  其实这种争论是由于对法律全球化这个话语形成的不同解读所造成的。法律全球化，它实际上指的是由于经济全球化的发展带来的作为各个国家在处理相互之间带有全球性利益时的法律问题而有必要进行的思考。因此，既不意味着世界各国必须以西方发达国家的法治模式为自己的最终目标，也不意味着世界各国法律发展的一体化或一致化。法律当然不仅仅是国家意志的体现，它更多是与大多数普通人生活息息相关的共同生活规则。这些规则最初表现为自然法、商业习惯、民族风俗等，而其中的一些后来可能披上了法律的外衣。古罗马私法的基本原则逾千古而犹存就是明显的例证。由此，世界各国不同的法治文明之间可以相互交流与融合，各国法律发展在某些领域或某些部门存在着相互吸纳与

<<< 第四章 法治作为人类的理想与传统儒学人文精神提供的思想价值

移植。

从世界经济发展的角度分析，第二次世界大战以后，国际经济一体化趋势更加显现。世界投资与贸易的惊人发展，国际分工的更广泛，跨国公司生产经营的更活跃，加速了各国经济相互渗透、相互依存、趋于一体。经济的全球化进程逐步将世界各国纳入一个统一的规则体系中来。越来越多的政府间国际组织、超国家组织和非政府组织，如联合国、北大西洋公约组织、国际货币基金组织、世界贸易组织、世界银行等介入国际社会的共同事务，在实践中创造和发展了一种崭新的、不同于传统国家法的、全球协调化运作的市场行动规范，如《世界贸易组织规则》。这些国际经济法律规则和惯例要求其成员必须严格遵守，对其成员来讲，法律全球化是国际经济法律规则和惯例的全球化。

同时，社会发展也产生了一系列带有全球性的问题，如处理环境污染、维持生态平衡、惩治全球性犯罪、预防艾滋病、互联网及克隆技术管制、裁军、反核、武器、反恐等的解决，世界各国认识到，依靠以往单一国家的法律调整已经远远不够，人类需要创造并且正在创造着一种全球协调化运作的法律运行机制。从某种意义上讲，法律全球化是世界人民为解决共同关心的问题所做出的主动选择。另外，我国适应走向国际市场的要求，特别是在加入世界贸易组织后，对国内立法如《商标法》《专利法》《合同法》等按国际规则和要求进行修改，使这些法律尽量与国际接轨。

对于正处于传统法制向现代法制转型的中国而言，大胆移植和借鉴西方优秀法治经验，参与全球法律重构的历史进程是中国法制现代化运作对法律全球化的积极回应。同时，中国的法制现代化是在中国本土进行的一场法律变革，中国本土的问题是不可能通过西方的分析范式得到根本解决的，因此，在全球法律框架与机制的形成过程中，弘扬本土法律文化，保持本土特色也就显得尤为重要。

如何对西方法律移植，我们有必要形成正确的认识。一般说一个后发展起来的国家在法治建设中都面临法律移植的问题。所谓法律移植，是指有意识地借鉴相对有经验的国家、地区或民族的某种优秀法律在另一个国家、地区或民族推行，并使其接受且成为后者法律体系有机组成部分。世界法律史证明，法律文明要发展，就必须冲破原有的民族界限，参与到其他法律文明系统的发展过程中，形成相互促进、相互包容和相互融合的局面。

但法律移植有自身的规律。我国在法制现代化过程中移植西方法律，遭遇了所移植的法律文化与本土法律文化相碰撞或冲突现象，这主要表现在两个方面：其一是法律的宣言性表述与操作性规定之间发生冲突。所移植的法律在书面上看是合乎逻辑的，但一旦与社会的实践相结合时却发现存在严重的水土不服。例如，我国宪法、法院组织法都宣布了"司法机关独立行使职权"的原则，但包括法院组织法在内的一些法律所设定的一些具体制度又严重阻碍了这一原则的实现。其二是法律规定与实施之间的差距。近年来，我国在法制现代化过程中，注重了法律制定的建设，移植了大量西方优秀法律制度，但公民的法律价值观念、法律行为模式没有跟上法律制度的变化，移植的法律未得到公民从内心的接受或认可。其结果就可想而知了，使得法律在社会生活中，存在貌似而神不似，形同虚设的现象。

法律的知识总是普遍性与特殊性的结合，重视地方性知识是法律制度的特点，其中就是要关注蕴藏于法律制度背后的传统文化价值。诚如伯尔曼所说，法律不仅是"世俗政策的工具，而且还是生活终极目的和意义的一部分"，它不仅包含了一整套规则，它还包含了"人的全部存在，包括他的梦想，他的情感，他的终极关切"。它说到底是一种"活生生的社会过程"，浸渍了人的个性、人格尊严以及人的价值等人文精神的关怀和崇尚。法律制度要真正发挥作用必须要有与之相适应的精神、意识和观念，引进的外来法律制度要被植入国的人民接受并且有机融入该国法律体系，与这种制度密切相关的精神、意识和观念也必须能够为该国所接受。从这个意义上说，法律制度是法律移植的基本产品，而人文精神是必然相伴的副产品。

法律移植不是原封不动地套用外来法来调整现实的社会生活关系，或是照抄别国的经验和模式。中国法制现代化是中国人在本国的历史条件下所开展的一场法制变革运动，它总有体现本民族本国度生活条件的法律精神以及作为这一精神载体的法律制度。在移植外国法律制度时，我们必须考虑到本国的国情条件，考虑如何将外国法治模式与我国自身的特定条件包括经济、文化、民族特性、传统等有机地结合起来。因此，在外来法本土化的过程中，我们必须从中国国情的具体实际出发，对外来法和本土法进行整合、重组、涵化，使之成为本国法律的有机组成部分。只有立足本国的实际情况，对外国法的发展经验和模式进行具体的分析，才能走出具有中国特色的法律现代化道路。

另外，中国法律现代化还面临对中国传统法律的超越问题。任何一个国家的法律制度都是从历史上走过来的，现代化就意味着对传统的否定，没有这种对传统的突破和超越就没有现代化运动。但传统的东西虽然是在过去的历史中产生的，并不意味着所有传统的东西都丧失其存在的价值。传统和现代性的划分并不是仅以该事物出现的时代或时间为依据，而应当以其是否能够与该社会的物质生活条件相适应，是否能够促进该社会的发展，是否代表了人类社会的发展方向为判断标准。

法律是一种文化现象。文化的发展具有继承性或延续性。传统文化与现代化的关系而言，一个国家的现代化总要根植于民族的传统中，以文化的传统作为思维的前提。把现代化的基本要求与本民族的传统文化相结合，赋予现代化以本民族特色，是现代化在一个国家发展的唯一可能。当代发达国家现代化的历史经验也说明，现代化不能由一个社会外部向内部作直接的嫁接和移植，而必须扎根于民族文化的土壤之中。中国传统法律文化是中华民族在长期历史发展过程中，由于特殊的自然环境、经济形式、政治结构、意识形态的作用而形成的文化积累，它是一个复杂的两面体，一方面包含着消极和落后的东西，另一方面，作为中国传统文化孕育的产物，它在许多方面又体现了中华民族独特的气质和心理，体现了中华民族所特有的世界观、生活方式和文化的内在底蕴。几千年的历史沿革，中国法律传统作为中国传统文化的组成部分，其影响并没有随着制度层面的法律体系的崩溃而完全沉寂消灭，它以独特的历史惯性影响着后世的制度模式、风格和习俗。当代中国的法治建设，一定要努力发掘传统的有着持久生命力的民族心理认同、民族文化等作为支持的力量。

当然，传统文化总是一个精华和糟粕的共存体，我们要在其中积极地进行选择。例如，中国就比较注重法律制度的道德评价，讲究法律与其他社会控制手段相互之间的协调和配合，主张德治与法治的结合，重视执法者的自身素质修养，特别注重为政者的道德品质与典范作用等，这些都应当在现代法治中得到表现和弘扬。但问题的关键在于，法律传统中这些合理因素如何融入现代。这当然不应是一个机械的过程，要根据现代法治发展的要求，进行筛选、提炼并改造。成中英先生提出的继承传统的三大原则对我们应当有所启迪，一是尽量解决当前面临的问题；二是尽量维护传统的合理规范；三是尽量涵盖未来可能发生的问题。以上三大原则实际上说明，对传统法律文化的选择和继承，不是简单地光复旧习，而是创造性的转化。所谓"创造性的转化"，是指在注重中国现实国情基础上对传统法律文化进行扬弃与整合，将传统法制之精华从传统法制母体上剥离，结合时代特征，实现其根本的现代性转变。

<<< 第四章　法治作为人类的理想与传统儒学人文精神提供的思想价值

（二）法治理想与中国近代法治实践中对传统儒学文化的选择

中国法治的发展应具有自身特殊的路径，法治的发展对传统儒学人文精神文化有特殊的需求，但这是中国法制现代化发展过程中的一个文化选择。

笔者认为中国法制现代化应从1842年中英《南京条约》开始，其经历了中华法系改良的法治实践，以西方模式为本的法治实践，以苏联模式为本的法治实践和社会主义改革开放法治实践的综合创新四大阶段，每一阶段都有自身的成熟期和特点。

1. 近代以来法治实践的历史梳理

（1）中华法系改良的法治实践

从时间上来说是从1842年到1901年，有学者把它分为三个阶段[1]，其实它们是交织在一起发生作用的。当时由于民族的生存面临危机，尤其是甲午海战的失败震惊朝野，于是就有一批知识分子从法律的角度入手主张改革。《万国公约》的翻译和学习是这一时期最初的成果，《万国公约》的内容极为丰富，包括开放通商口岸；取消官府对外贸易的垄断；允许外商在一定地域自由贸易；同意与通商国家协议决定关税；允许"最惠国待遇"；接受外国使节驻京；接受外国在通商口岸派驻领事；允许实行"领事裁判权"；设立租界；允许外国人在华传教和设立教堂；允许外国在华招募劳工；赔偿因战争造成的商损商欠。此外，1861年，由英国人把持的清廷总税务司制定的《沿海贸易法》规定，外国商船在中国的任一通商口岸纳税后，就可以在沿海自由出入，从事贸易；可凭官府颁发的免税单将货物转至另一口岸，不再另行征税。[2]

---

[1] 范忠信. 中国法律现代化的三条道路 [J]. 法学，2002（10）：9-14.
[2] 王铁崖. 中外旧约章汇编（第一册）[M]. 北京：生活·读书·新知三联书店，1982：178.

《万国公约》并不是我们现在所说的《国际公法》，但它反映了当时世界新的法治文化精神，当然其中有些内容对当时的中国政府并不有利。中国政府当时接受《万国公约》是权宜之计，但这次对《万国公约》的接受和学习，推动了中国旧法律体系的基础。

另外就是由洋务运动带来的在农工商业、财政、军事、教育等的改革，康有为、梁启超等人实行君主立宪，要开国会、开民智、通民气，发起实行"君民共主"。中国的法制改革开始深入政治领域，戊戌变法失败之后，当时当政的也搞起变法，即所谓旧法制的改良。如1906年的《预备仿行宪政》上谕中所宣布的"大权统于朝廷，庶政公诸舆论"，实行开明一点的君主专制，恢复《周礼》"讯群臣、讯群吏、讯万民"的所谓"集思广益"传统。因此《钦定宪法大纲》明确，保障皇帝统治帝国，"万世一系，永永尊戴"，对"民权"仅附录几条空文。刑法变革"删除"如凌迟、枭首、戮尸等重罚。当然，这是当时以官方形式表现出来的变革，而民间的法的现代化的思考或讨论可能走得更远，也更丰富。

（2）以西方模式为本的法治实践

从时间上来说是1905年清末修律到1949年国民党政府垮台。当时在立法的指导思想上，虽然也主张要弘扬中华文化，但实践方针是以西方的立法模式为本。无论是以沈家本为代表的清末修律，还是辛亥革命后南京临时政府、北洋政府或南京国民政府等时期的立法，都反映一个共同特点，即总统制或内阁制、国会参众两院、临时约法或宪法、政党政治、三权分立、司法独立、审检合一、地方自治等西方国家宪政蓝本在国内得到广泛利用。

为此有学者做过分析。在评论清末修律问题上，保守派代表张之洞就说：袭西俗财产之制，坏中国名教之防，启男女平等之风，悖圣贤修齐之教。更有甚者，有的草案从总体上模仿德国《民法典》和日本

<<< 第四章 法治作为人类的理想与传统儒学人文精神提供的思想价值

《民法典》。就南京国民政府时期有学者提出，当时"国民政府奠都南京，成立立法院，制颁民刑法典，固为我国法制史上展开光辉灿烂一页，惟因大部抄袭西方法制，且以民法亲属编为尤甚，对亲属及家族制度大为改革，民法采取双系亲属制与契约家庭制，而将数千年宗法传统精神之民法，摒弃不取。致与习俗不合，有悖我国伦理及家族观念"①。

（3）以苏联模式为本的法治实践

时间从1949年到1978年之前。当时的指导思想是我们"一边倒"即学习苏联的苏维埃制度，具体内容来说，例如，完全照搬苏联的模式：实行党对政权的绝对领导；实行一切权力归党领导下的代表大会、实行"议行合一"制；实行人民代表大会领导司法的司法体制；实行党对军队的绝对领导等。而在具体的中国宪法、婚姻法、刑法、诉讼法、继承法以及司法制度等多个方面，模仿苏联几乎是通例。

笔者认为在这里特别有必要指出的是，法的发展在当时自身受到的限制。这种限制使人们不能马上意识到法在社会生活中的重要作用。当然这是与当时社会经济发展的特点紧密相关。从经济上说，社会主义新中国由于原来工业化的基础很薄弱，国家或政府不得不扮演直接的"经济组织者和管理者"的角色，通过直接的计划和行政指令能最大限度地集中资源，并进行资源配置，以推进工业化进程。但在完成了社会主义改造，建立了社会主义公有制经济基础后，由于历史的惯性和受当时原苏联经济模式的影响，形成了以指令性计划为主的经济体制。在实践中，当时党和国家的主要领导人也发现，应当使用商品生产、商品流通和价值法则等来发展社会主义，但由于对商品生产和价值规律的认识仍然不能突破旧的框子，在"左"倾思想影响下甚至把搞活企业和发展社会主义商品经济的种种正确主张当作走资本主义加以批判。中国形

---

① 展恒举. 中国近代法制史［M］. 台北：台湾商务印书馆，1973：409.

成的这种高度集中统一的以行政直接控制和调节为根本特征的计划经济体制，由于国家行政享有至高无上的权力和几乎无所不包的渗透力量，在社会生活中行政控制力量占据了主导地位，法只能作为行政的辅助力量而起作用，这使得中国封建的法律虚无主义的文化传统在社会主义条件下又以新的特殊方式表现出来，导致"文化大革命"的历史悲剧，社会主义法治建设在一段时期出现倒退的现象。

（4）社会主义改革开放法治实践的综合创新

这是从20世纪80年代开始至今，是经过了思想的解放运动和反思"文化大革命"的痛苦经历以及对现代化历史主题①所确定的市场经济发展的客观要求的深刻认识的基础上，促使了法的现代转型。即法由过去主要是对老百姓的控制手段转为主要是对行政的制约和社会指导的力量。

作为中国改革开放的总设计师邓小平，对当代中国法治建设的历史基础及其独特性质有一个清醒的认识。他指出，由于中国封建制度的历史较长，封建主义影响根深蒂固，旧中国留给我们的封建专制传统比较多，民主法制传统很少，我们进行了28年的新民主主义革命，推翻了封建主义反动统治和封建土地所有制，是成功的、彻底的。但是，肃清思想政治方面的封建主义残余影响这个任务，因为我们对它的重要性估计不足，以后很快转入社会主义革命，所以没有能够完成。② 新中国成立以后，我们也没有自觉地、系统地建立保障人民民主权利的各项制度，法制很不完备，也很不受重视。③ 封建主义残余深深地渗透到社会生活的各个领域，也侵蚀着中国法律领域和法律文化的社会根基。邓小

---

① 李瑜青. 论当代中国改革的历史主题与法治之路 [J]. 上海党史研究，1999（S1）：124-128.
② 邓小平著. 邓小平文选（第2卷）[M]. 北京：人民出版社，2006：335.
③ 邓小平著. 邓小平文选（第2卷）[M]. 北京：人民出版社，2006：332.

<<< 第四章　法治作为人类的理想与传统儒学人文精神提供的思想价值

平还从"文化大革命"以及现实生活中特权现象存在,论证了必须加强法制来加以克服。他指出:"文化大革命"中,林彪、"四人帮"大搞特权,给群众造成很大灾难。当前,也还有一些干部,不把自己看作是人民的公仆,而把自己看作是人民的主人,搞特权,特殊化,引起群众的强烈不满,损害党的威信,如不坚决改正,势必使我们的干部队伍发生腐化。我们今天所反对的特权,就是政治上经济上在法律和制度之外的权利。搞特权,这是封建主义残余影响尚未肃清的表现。① 克服特权现象,要解决思想问题,也要解决制度问题,公民在法律和制度面前人人平等。党员在党章和党纪面前人人平等。人人有依法规定的平等权利和义务。② 这方面的思想、观点,邓小平曾反复加以阐明和强调,这说明实行依法治国,建设社会主义法治国家,是邓小平理论的重要组成部分。

因此,在邓小平理论指引下,我们社会主义法制开始转型,突出了法的约束和规范国家权力,保障公民权利和经济发展,维护社会正义、自由、平等和民主价值等的职能。以社会主义现代化这一历史主题发展法治文明,这是中国共产党人在 20 世纪末进行的一个伟大事业,但在这个事业实现过程中,我们还有很多路要走。中国的法治之路和其他一些发达国家所走过的路不同,有学者做了这样的概括,即认为其他一些发达国家的法治之路是社会演进型的,而中国是政府推进型的,法治在政府工作目标指导下形成,政府成为法治运动直接的领导者和组织者。③ 这当然有它的优越性,但也给我们提出更艰巨的任务。

---

① 邓小平著. 邓小平文选(第 2 卷)[M]. 北京:人民出版社,2006:332.
② 邓小平著. 邓小平文选(第 2 卷)[M]. 北京:人民出版社,2006:332.
③ 笔者认为这个观点有一定的历史合理性,但一个国家的法律只要政府的强制力的外在因素的作用,实际也是不可能的。

2. 法治实践中对传统儒学人文精神文化的选择

中国法制现代化的发展有一个文化选择的问题。但历史上传统儒学人文精神文化对法律的影响早已存在，最具典型意义的是由中国古代法律所产生的，中国古代法律传统俗称的"伦理法"的现象，其表征即法律的儒学化。

从历史上考证中国法律的儒学化起始于中国汉代。在春秋战国百家争鸣的时代，儒家和法家最为显赫，其学说也最侧重于国家的政治层面。与法家所不同的在于儒家强调他们主张的社会秩序或政治理想，可以通过道德教化和统治者的身体力行，即所谓的"德治"来实现。传统儒家的学说在历史上经历了多次受挫，并不断自我改造，从而逐渐为当时统治者所接受。汉初法律儒学化虽然仅具雏形，但构成了儒学重大转变的标志。汉代以后的魏、晋、北魏、北齐、北周的法典都由当时造诣极深的儒学大家制定。而隋唐时期则是中国传统法律儒学化阶段的完成，《唐律》中就明确规定："德礼为政教之本，刑罚为政教之用，犹昏晓阳秋相须而成者也。"而且使"一准乎礼以为出入"的原则具体贯彻于各项律文之中。宋、元、明、清诸朝等后来的法律均以《唐律》为蓝本，"以礼入法"绵延了上千年，造就了别具特色的中华法系。因此，黑格尔在《历史哲学》一书中指出，中国纯粹建筑在一种道德的结合上，国家的特性便是客观的"家庭孝敬"。中国传统国家带着浓厚的道德国家色彩。

在我们评价中国传统伦理法的时候，问题的关键在于其"以道德统法律"。因为法律接受某种道德的管辖，这既是人类社会最普遍的事实存在，也有着充分的必要性，这不仅涉及法律的有效性问题，而且在根本上关乎法律的性质和终极意义。评价中国传统伦理法的前提在于理解：实际统辖着法律的道德究竟具有怎样的性质和特征，以及为道德所统辖的法律能否保持其独立性和开放性。构成中国古代法之价值准则的

<<< 第四章 法治作为人类的理想与传统儒学人文精神提供的思想价值

伦理道德究竟具有怎样的性质和特征，笔者注意有学者做了很好的概括，这里至少有三点是确定的，其一，以血缘家庭为根基，以家族伦理为逻辑起点；其二，其内容主要由家族伦理和国家伦理构成；其三，它以儒家伦理思想为现实载体。儒家伦理指导下的家族伦理与国家伦理合二为一，孝与忠、三纲五常、宗法谱法、家训家范、习俗舆论、礼教顺从、血缘观念是其主要内容。①

中国传统伦理法与现代法治的价值是相矛盾的。张晋藩先生对中国传统法律与现代法治所矛盾的基本成分做了分析，认为中国传统法律主要表现为"德主刑辅、礼法并用、立法等差、良贱有别"的立法指导思想；"诸法合体、民刑不分"，刑律为主的法规体系；漠视权利，详订义务的法律内容以及与此相配套的各项制度；在法律意识方面，认为法律的渊源在皇帝，皇帝口含天宪，皇权至上，法自君出，法律的作用在于治民、治吏等。② 但现代法治从内在本质上说，它始终把民主作为自己的理想，法律要通过它特定的程序体现广大民众的共同意志，即"人民主权""多数人的统治"、国家制度、社会成员法定的权利自由等。但中国传统伦理法缺乏法治所要求的民主，法从本质上还主要是君主独断专制的工具。

任何一种有生命力的理论或学说的产生和发展，都是基于解决现实生活中的某种问题。这些思想或理论有可能把自己的某种主张夸大，但总有其合理性的成分存在。传统儒学的代表人物如孔子、孟子和荀子等，生活于当时的春秋战国，他们都企图以自己的思想观点来影响当政者，由此来建立起一个有序的社会。就其治国理想来说，他们都是企图建立一个德治的社会。为此，孔子就明确提出："为政以德，譬如北辰，居其所而众星拱之。"（《论语·为政》）孟子也认为："王！何必

---

① 朱孔武.法治进程中传统伦理法的历史命运 [J].汕头大学学报，2001.
② 张晋藩.中国法律的传统与近代转型 [M].北京：法律出版社，1997：3.

曰利？亦有仁义而已矣。"(《孟子·梁惠王上》)"以不忍人之心，行不忍人之政，治天下可运之掌上。"(《孟子·公孙丑上》) 荀子则把"德治"进一步表达为"礼治"："礼之所以正国也，譬之犹衡之于轻重也，犹绳墨之于曲直也，犹规矩之于方圆也，正错之而莫之所诬也。"(《荀子·王霸》) 荀子的礼治实质就是德治。传统儒学思想家们把德治作为治国理想，当然有多方面的原因。比如当时农耕社会的经济特点，血缘宗法的家庭关系等的影响，但从德治思想的内在逻辑的角度来分析，则是基于对道德、对社会控制作用的过于理想化的理解。正是在这个意义上，我们可以看到他们对统治者施行仁政，并能以身作则寄予很高的希望。"子为政，焉用杀？子欲善而民善矣。君子之德风，小人之德草，草上之风，必偃。"(《论语·颜渊》)"君仁，莫不仁；君义，莫不义；君正，莫不正。一正君而定国矣。"(《孟子·离娄上》)"君者，仪也，仪正而景正；君者，盘也，盘圆而水圆；君者，盂也，盂方而水方。"(《荀子·君道》) 传统儒学思想家们认为：非道德的手段如刑罚、赏庆、势诈等充其量只能获取民财、民力，而无法获取民心，放而不能实现德治社会的理想。因此，孔子曰："道之以政，齐之以刑，民免而无耻；道之以德，齐之以礼，有耻且格。"(《论语·为政》) 孟子曰："善政不如善教之得民也。善政，民畏之；善教，民爱之。善政得民财，善教得民心。"(《孟子·尽心上》) 理想的道德社会靠"道之以德，齐之以礼"的道德手段去建立。当然，他们并不否定刑法等在治国时的作用，但只是德治的辅助手段。在传统儒学人文精神思想主张下，强调德治，道德思想的具体内容又有时代的局限，但其对道德在社会发展中作用的深刻分析却是中国法制现代化的发展一个文化选择中的重要课题，是中国法制现代化的发展过程中对中国法律传统有价值的文化内容。

(三) 传统儒学人文精神文化在当代中国法治文化中的位置

通过上述的讨论，我们可以来分析传统儒学文化在当代中国法治文化中的位置问题。

1. 影响中国社会生活的文化价值观分析

可以说任何制度的产生都不是没有根据的，文化的传统、主导的观念或思想总是在一定制度中起着根本性的制约作用。在我们强调根据法治建设的要求在文化观念上进行创造性工作的时候，清理一下自己的"文化储备"，看究竟有哪些文化理念和价值观念在影响我们今天的社会生活，并影响着中国的法治建设，这具有十分重要的意义。

从一般层面上说，当前影响我国社会生活的文化价值观主要有这样几种成分：

其一，西方近现代发展以来的文化价值观。如"自由、平等、博爱"以及"天赋人权"等理念，宪政、平等、正义、人权、自由等法权理念，这些价值观在过去长期以来被当作资产阶级的价值观受到批判，中国人也最初并没有以这些观念来安排社会制度、组织国家生活，但它们一直以各种方式影响着中国人的价值选择。而在中国实行改革开放以来，特别是随着中国市场经济体系的建立，这种价值观得到了某种支持并重新活跃起来。强调自由竞争、人格平等、维护个人正当利益、保护每个人的权利等，是对主张这种价值观的有力支持。西方人文主义理论传统作为这种价值观的思想基础，由此论证了法治理想的合理性，随着中国法治建设的发展，我们看到西方近现代发展以来的这种文化价值观有反映时代内容的具有普遍的思想成分。

其二，马克思主义的思想理论。马克思主义理论作为我国的意识形态，它的影响和作用不容怀疑。但是，马克思主义对人类社会发展规律的揭示，对人自身发展阶段的论证，对未来社会的设想，都只不过昭示了一种总体性的价值取向和人类演进的总体目标，而没有指明在不同的国情和文化背景下如何才能达到这一目标的具体方法。毛泽东、邓小平等国家领导人致力于把马克思主义的普遍原理同中国的具体实际相结合，并取得了举世公认的成就，但我们所面对的全新环境和我们所承担的任务要求我们将马克思主义中国化的进程继续深入下去。马克思主义具有普遍的真理性，但它必须与本国的生活实践相结合，必须能融入本国文化和本国民众的心理之中。马克思主义价值理论与西方近现代资产阶级所创造的价值理念并不只是相互排斥的关系，马克思主义价值理论对西方近现代资产阶级所创造的价值理念在实践中有一个扬弃的过程。在法治建设上，我们面临着在这方面许多创新的问题。

其三，中国的传统文化。中国的传统文化内容十分丰富，其中儒、佛、道三家文化在社会生活中都起着作用。而儒学的影响和作用尤其突出，自中国跨入近代以来，儒家文化在中国的命运多舛，新文化运动时它受到猛烈批判，可谓声名狼藉，威风扫地，人们一提儒家文化，总和保守、腐朽、反动相联系。新中国成立后，儒家文化相当长的一段时间内在主流文化中没有容身之地，但在社会生活中它的影响却时隐时现，特别是在民间，民众的心理和行为方式、生活方式、交往方式等都带有很浓的儒家文化特征。自改革开放以来情况有了很大变化，儒学文化和其他传统文化一起由长期受压的状态转为当代中国的显文化，儒学的当代复兴已成为一个具有世界性的题目，但儒学文化如何在中国法治建设中融于其体系，并建构起有中国特色的法治文明，这是需要我们进行探索的创造性的时代课题。

就对我国制度创新的影响而言，以上三种文化都在发挥作用，但起作用的方式和程度不同。马克思主义是我们国家的指导思想，它占据显性意识形态的位置，在我国的制度设计与创新上有着至关重要的影响力。西方国家由于较早进入了现代化，在法治实践中所积累的经验是一笔财富，西方国家核心价值观当然其实质是资本主义价值观，但其中具有与时代的发展相吻合的具有普遍性的因素。因此，随着我们法治文明的推进，宪政、平等、正义、人权、自由等法权理念在中国法治中出现的频率越来越大，并逐渐为我们批判地吸收。至于儒学文化，它虽然不是作为显性意识形态而活跃于主流社会，但在思想界的影响却似乎越来越大。重视儒学文化在当代中国法治体系的作用，建设有中国特色的法治文明是诸多学者所思考的一个具有重大意义的课题。

2. 儒学文化在法治文化体系中的价值思考

文化价值观是制度的底蕴和内涵，特别是其中的伦理文化精神，不仅是制度得以产生的根据，而且是制度得以良性运作的保障，同时还规约着其制度趋向内涵的价值目标。因此，这里选择就十分的重要，而所谓选择就是选择本国法治发展的模式。一国的法治发展模式当然是由某种制度体系（既有基本的制度，又有具体的制度如体制、规则等）来确认并保障的，而文化价值观则是其中起决定性作用的因素。

究竟应该选择什么样的文化价值观作为我们法治建设的思想基础，这本身不会有很大的争论。马克思主义是我们国家的立国之本，而且已经扎根于中国的土壤，坚持马克思主义作为我们的主流意识形态，是我们国家的根本社会制度所要求的。但在坚持这一总原则的前提下，我们还应该考虑这样的问题，即如何将我们本民族固有的民族精神与时代精神相结合，亦即民族性与现代性相结合。

一提到现代性，人们也许首先就会想到西方的政治生活和社会制度。西方社会由于较早于中国进入现代化的实践，使这些国家在其现代性特征的多方面确实要比我国表现得突出。诸如对人的基本权利的关注，人的现实生活质量与福利的满足，权力制衡制度的创新，契约意识和社会诚信机制的发达，私权的尊重与保护、公共理性的普及等，这些应当说都是法治文明所要求的。但这并不意味着，西方社会所体现的现

121

代性就是衡量其他民族现代性的标准，或者说，这种现代性就是其他民族的努力方向和最终归属。① 因为现代性虽然是指向某种具有普遍性的因素，但它在一个国家或民族的实现受制于很多条件，特别是传统伦理文化中所蕴含的核心价值的影响，使现代性因素在不同国家或民族形成不同的理解，有了不同的表现方式。

因此我们在这里要张扬现代性，就中国的法治建设而言，要特别积极发掘中国传统儒学文化对法治文明可以提供的思想养料。有一句话充满哲理："只有民族的，才是世界的。"提出文化民族性的根据在于，文化作为一种社会现象，它同组成一定社会的人群的社会变迁步趋相续，由文化同一定的人群及环境这种相关的文明必然性中，就产生了文化的民族性，法治的建设忽略了民族文化内在因素的作用，采取简单"拿来主义"的移植，它的一个直接后果，是会造成整个社会文化系统的紊乱，社会系统中各文化力作用的相互抵消。在前面我们对法治的形式主义批判中，已指出这个问题的重要性。但现代性毕竟是标志为时代性的因素，法治的构建总要使自由和人权的保障，权力制衡制度的创新、公共理性的普及，合理、公正的制度设计等纳入体系之中，但它们总以一个国家或民族特有方式表现出来。在表达的内容上总还有作为民族性的成分。因此，中国传统儒学人文精神在怎样的意义上构建有中国特色的法治文明的问题就成为一个具有重要意义的命题，需要我们做出回答。

我们从西方法治思想的分析入手说明人文精神与法治文明关系，是由于西方法治思想的发展有其典型性。事实上，在人类社会发展过程中始终贯穿着"人"的思想，只不过在不同的历史时期、民族国家和文化传统中，有着不同的表现形式。中国人文传统，颇具"早熟"性，

---

① 杨清荣. 经济全球化下的儒家伦理[M]. 北京：中国社会科学出版社，2004：63-170.

<<< 第四章 法治作为人类的理想与传统儒学人文精神提供的思想价值

远在周代,与殷商时期的尊神重鬼相对应,"重人""敬德"观念应运而生。先秦典籍所谓"惟人万物之灵"(《尚书·泰誓上》)。"人者,其天地之德,阴阳之交,鬼神之会,五行之秀气也。"(《礼记·礼运》)便是中国式的人文精神的先期表述。之后,以孔孟为代表的儒家学说推崇重视人的"仁"学思想,提出"民贵君轻"的民本思想。西汉时期出现了儒家大一统的儒家文化,具有民本主义因素的德治思想取得正统地位,对人及社会的关怀提到一个新的高度。魏晋时期的思想家比较重视人的个性发展和情感生活。汉唐比较强调人的气质、修养,重视奋发有为的社会意识。宋明时期则稍有不同,它以人的品格的具体抽象化,天理的思想去概括,使人文精神从人间飞到天上。明末清初,由于西方文明的输入拓宽了人们的眼界,出现了一股反礼制规范的人文潮流。自清代严复提出"主权在民"思想以来,中国的人文主义思想进一步发展。尤其是"五四"新文化运动中提出的"民主"和"科学"思想,其核心就在于打破封建礼教和封建枷锁,争取人性的解放和个性发展,争取个人独立自主的权利。[1] 因此,中国有着丰富的人文文化。

但是,纵观中国传统文化,尽管包含了"人本""民本"人文精神,但与西方的人文精神相比较,却有自身独特的路径。有的学者概括:①从本性上讲,中国传统人文精神不是一种超前的、独立的和纯粹的精神,而是从属于世俗权威的伦理精神或政治精神。②中国传统人文精神注重情感,情与理模糊不清。③中国传统人文精神特别注重人的内在德行的培植。[2] 另外,中国的人文传统注重人文与天道的契合,以伦理为中心,民本与尊君形成一体。人不是社会主体的人,只是全体的一

---

[1] 吕世伦,张学超."以人为本"与社会主义法治——一种法哲学上的阐释[J].法制与社会发展,2005(1):85-102.

[2] 汪太贤,艾明.法治的理念与方略[M].北京:中国检察出版社,2001:158-165.

分子。我国学者庞朴对中国传统人文文化作了精辟的表述:"把人看成群体的分子,不是个体,而是角色,得出人是具有群体生存需要,有伦理道德自觉的互动个体的结论,并把仁爱、正义、宽容、和谐、义务、贡献之类纳入这种认识中,认为每个人都是他所属关系的派生物,他的命运同群体息息相关,这就是中国人文主义的人伦。"① 这种人文文化对法治文明所要求的和谐、秩序要素提供了价值基础,因此不能说中国文化中没有现代法治文明所要求的成分,但中国的人文传统总难以突破故道,它在自然经济所规定的文化系统运转,未能直接引出近代的文化精神。人们的生活长期处于专制政体中,滋养出的主要是以人情、伦理来判断行为的正当性,以社会身份决定人的地位和权利的思维方式。而法律则寄生于现实政治,形成一种对政治权威的依附性,法的价值在很大程度上也局限在工具上。

  因为长期深受人治的影响,当代中国渴望建立一种高于或优于人治的理想社会。推行法治、借鉴西方法治经验、建立社会主义法治社会是必然选择。然而,长久以来,我国在法治建设的过程中,注重了法律制度的建设,却忽视了对人文价值、人文理想的关怀和建构。现代的中国公民法治意识淡薄,社会在很大程度上普遍存在不知法、不懂法、不守法现象。公民对法律是一种规避感、冷漠感,法律在广大人民的心目中没有形成一种至高的权威。同时,在中西法文化碰撞、交流、磨合和整合的过程中,人们盲目地对西方法律文化和其市场法则的崇拜,又使得人们在摆脱自然经济条件下对"人的依赖关系"的同时,又滑入对"物的依赖关系"之中,产生人的"异化"现象。由此,使人丧失了人生的终极目标和理想,导致极端的利己主义、机会主义、短期行为等现象的泛滥,这一切反映出市场经济浪潮中人文精神的失落和人文素质的

---

① 庞朴. 中国文化的人文精神(论纲)[J]. 学习与研究(4):3.

下滑。从西方法治传统和人文精神的关系中可以看到，人文精神是法治的精神基础和核心。人文精神是人类共同的精神财富，它对人的价值的关怀和人生意义的追求是人类创设一切制度的动因。人文精神在过去哺育了西方的法治文明，在当代也将是我国法治建设的精神支柱。中国在推进法治化的进程中，必须培育现代人文精神。

无论是移植西方人文精神的内容，还是继承中国传统人文精神的精华，还是对中国传统人文精神进行创造性转化，我们认为，作为一套观念体系，重构的中国现代人文精神应当"一切从人出发、以人为中心，把人作为观念、行为和制度的主体；人的解放和自由，人的尊严、幸福和全面发展，应当成为个人、群体、社会和政府的终极关怀；作为主体的个人和团体，应当有公平、宽容、诚信、自主、自强、自律的自觉意识和观念。人文精神以弘扬人的主体性和价值性、对人的权利的平等尊重和关怀为特质"[1]。也就是说法治社会应构建"以人为本"的人文精神。面临当前的人文精神危机，如何在中国本土重构人文精神，如何形成中国特色的法治精神，以此推动我国社会主义法治文明的实现，也就成为当代法治理论面临的重大问题之一。

---

[1] 张文显. 法哲学范畴研究 [M]. 北京：中国政法大学出版社，2001：389.

第五章

传统儒学人文精神的价值理念与法治若干价值理念的比较分析

一般说,法的价值是作为法价值主体的人和作为法价值客体的法的关系中表现出来的法对主体的效应。理解法治,我们要深入理解法治内涵的价值,这样使我们对法治已达到的思想水平形成更全面的认识,并看到法治价值文化从本质上内涵了人文精神的要求。但我们在这里的任务不只是一般地讨论法治的价值理念问题,更要讨论中国传统儒学人文精神文化与法治的价值理念之间并不存在绝对的排斥性,而是具有相关联性的。

一、法治的平等理念与传统儒学的义分思想

平等价值是法治文明的重要内容,平等价值如前所说内涵了人文精神。但从历史上看平等的价值思想是一个历史发展过程。中国传统儒学的平等思想有它特殊的表达方式。

(一)平等价值的历史考察

有学者曾经指出:"平等这个词概括了人类迄今为止所取得的一切进步,也可以说它概括了人类过去的一切生活。从这个意义上说,它代

表着人类已经走过历程的结果、目的和最终的事业。"① 人类的发展在一定意义上讲,是一部不断追求并逐步实现平等的历史。

1. 平等即少数人的特权:古代社会的平等理念

我们一般都接受这样的理论假设,即人类曾经历过原始的平等状态。所谓原始平等状态,"是指在原始社会的部落和氏族内部彼此依靠、相互合作而求得生存的现象"②。原始社会的生产力极端低下,人的生存能力极为低弱,氏族成员只有在生产资料公有制的基础上共同劳动、共同消费、彼此依靠、相互协作,才能求得生存。生存是第一要务,在生存这一最高原则的作用下,氏族成员之间以集体为中心,在处理生产活动和其他氏族内部重大事务方面形成了民主的和平等的习俗和制度。在氏族制度下,谋求特殊利益,谋求强权和特权,根本没有经济基础和物质条件,每个氏族成员都是平等的,没有尊卑、贵贱之分,酋长和部落首领的权利是道德性的。

但随着社会生产力的逐步提高和人的生存能力的逐渐增强,原始平等状态最终被打破了,代之而起的是人对人的奴役、人对人的剥削和压迫。整个社会从经济领域到政治领域都进入了不平等的现实状态。与此同时,平等观念便从贫富对立、统治阶级与被统治阶级的直接对抗中产生。这也就是我们要指出的古代社会。古代社会是一个等级的社会、特权的社会,社会的不平等是一种普遍的现象。在这一时期,平等在现实性上主要表现为少数人内部的平等,是一种特权,而不是人权。"一部分人享有权利,另一部分人却没有权利,这是一种特权制度。"③ 论证这种不平等的正义性,是古代思想的主流意识。

柏拉图(公元前 427—前 347 年)是古希腊著名的思想家,也是整

---

① 皮埃尔·勒鲁. 论平等[M]. 王允道,译. 北京:商务印书馆,1988:256.
② 周仲秋. 平等观念的历程[M]. 海口:海南出版社,2002:2.
③ 皮埃尔·勒鲁. 论平等[M]. 王允道,译. 北京:商务印书馆,1988:75.

个哲学、政治学和法学史上最杰出的思想家之一。柏拉图认为，人本身是不平等的，把平等理解为全体人的平等是荒唐的。奴隶不可能成为主人的朋友，下贱者不可能成为正直者的朋友，一般人与高贵者有天壤之别。奴隶、农民和手工业者不在其所讲平等范围之内。柏拉图设计了一个"理想国"。理想国内有三个等级：哲学家——人数极少、主管国家的统治者；武士——辅助统治者、负责维护国家社会的军人、卫士；自由民——从事体力劳动的农民和手工业者。三个等级的人是神用不同的金属制造出来的，哲学家是神用金子制造的，拥有理性和智慧的品质，具有统治的知识和才能；武士是神用银子制造的，勇敢是其品德，适合于担任守卫的职责；自由民是神用铜和铁制造的，节制是其品德，适合从事物质生产。三个等级"各守本分""各尽其力"就是体现理想世界的国家，即"理想国"。

亚里士多德（公元前384—前332年）是古希腊学术成就的集大成者，也是希腊城邦政治思想的总结者。亚里士多德提倡的是城邦内部公民的平等。奴隶和蛮族人是被排除在城邦之外的。亚里士多德坚决地为奴隶制度辩护。他认为奴隶是会说话的工具，是主人"财产的一部分"。奴隶与自由人的区分不仅符合自然，也是城邦生活中所必需的。他认为："凡自己缺乏理智，仅能感应别人的理智的，就可以成为而且确实成为别人的财产（用品），这种人就天然是奴隶。"① 亚里士多德"代表了整个古代"，他"对于奴隶，什么都不想给。他本人，也就是说整个古代、希腊人、罗马人一致决定：奴隶永远是奴隶，永远与动物为伍，不同于人类，永远是低等人；他们宣布把蛮族和奴隶永远摒除出去"②。在奴隶社会，奴隶主基于其现实的利益，不可能给予奴隶以平等对待，将奴隶视为是自己的人类同胞，而是将奴隶作为自己的物质财

---

① 亚里士多德. 政治学 [M]. 吴寿彭，译. 北京：商务印书馆，1988：77-78.
② 皮埃尔·勒鲁. 论平等 [M]. 王允道，译. 北京：商务印书馆，1988：77-78.

第五章 传统儒学人文精神的价值理念与法治若干价值理念的比较分析

富,可以如同处理其他物质财富一样,随意支配和处理。

当然,在古代社会针对不平等现象恶性发展,劳苦大众提出了自己的平等要求,一些社会有识之士也提出了应对之道。比较典型的有中国的孔子,他作为中国古代伟大的思想家主张"均无贫"。《论语·季氏篇》记载:"丘也闻有国有家者,不患寡而患不均,不患贫而患不安。盖均无贫,和无寡,安无倾。"这种平均主义的平等主张,是孔子为统治集团开出的济世良方。中国古代另一位思想家老子的社会理想是"小国寡民"。针对社会的经济不平等现象,《老子》提出了"损有余而补不足"的对策:"高者抑之,下者举之;有余者损之,不足者补之。天之道,损有余而补不足。人之道,则不然,损不足以奉有余。孰能有余以奉天下,惟有道者。"古代的农民阶级在反封建等级和封建剥削的斗争中,也提出了"等贵贱、均贫富"之类的革命口号。

与古代社会的普遍不平等现实形成极端对照的是人人平等的思想观念。古希腊著名的政治家伯里克利于公元前430年冬季在哀悼伯罗奔尼撒战争中阵亡将士的葬礼上发表演说,提出了"在法律面前人人平等"的著名论断。古希腊的斯多葛学派提出了人类在精神上平等的理论。斯多葛学派极力推崇人的内在精神自由,认为人是宇宙的一部分,与上帝具有共同的理性。作为理性的人是自由的。这种人的内在的、精神的自由甚至与人的外在境遇无关。一个戴着枷锁的人可能是自由的,而一位骄横的皇帝却可能是个奴隶。所有的人在具有自然赋予的理性这一点上,在内在精神特征上,都是相同的,因而他们都是平等的。他们破天荒地认为,奴隶也是人,也具有和他人一样的精神品质。斯多葛学派的塞涅卡指出,奴役只涉及人的肉体,而人的精神不可能成为外部力量奴役的对象,奴隶和主人在精神上都是平等的。他们要求人们将奴隶作为精神平等的伙伴和朋友来对待。罗马共和国末期著名的政治家和思想家西塞罗(公元前106年—前43年)继承和发展了斯多葛学派的平等思想，提出了人类自然平等的思想。西塞罗认为，所有人类都由自然法而联结为一个整体。自然法是人神共有的、普遍适用的、永恒的"最高的理性"，它植根于自然，是正义的体现，是神的意志，它是实现理性、正义和神意的"正确的规则"。从自然法和理性的角度看，一切人都是平等的。"不管对人做怎样的界定，它必定也对所有的人同样适用。这一点充分证明，人类不存在任何差别。"① 与此同时，西塞罗提出了公民权利平等的主张，指出"作为一个国家的公民起码应该在权利方面是相互平等的"②。西塞罗的这些思想对西方近代法治思想和原则产生了重大影响。古代社会人人平等的思想不仅在世俗的思想理论中存在，而且在宗教中有着更为鲜明的表现。但在当时不是社会作为主流的观念。

2. 平等即人的权利，人人平等：近代启蒙思想的平等理念

人类社会自近代将平等确立为一项原则或人权。正如皮埃尔·勒鲁所言："平等是一种原则，一种信条。"③ "当今社会，从某些方面观察，除此原则外，别无其他基础。"④ 勒鲁认为作为一项原则，"平等是一种神圣的法律，一种先于所有法律的法律，一种派生出各种法律的法律。"⑤ 作为一种信条，"平等是一切人类同胞所具有的权利，这些人同样具有知觉—感情—认识，他们被置于同等条件下：享受与他们存在的需要和官能相联系的同样的财富，并在任何情况下都不受支配，不受控制。平等被认为是一切人可以享受的权利和正义"⑥。

---

① 西塞罗. 论共和国论法律 [M]. 王焕生，译. 北京：中国政法大学出版社，1997：46.
② 西塞罗. 论共和国论法律 [M]. 王焕生，译. 北京：中国政法大学出版社，1997：46.
③ 勒鲁. 论平等 [M]. 王允道，译. 北京：商务印书馆，1988：19.
④ 勒鲁. 论平等 [M]. 王允道，译. 北京：商务印书馆，1988：25.
⑤ 勒鲁. 论平等 [M]. 王允道，译. 北京：商务印书馆，1988：20.
⑥ 勒鲁. 论平等 [M]. 王允道，译. 北京：商务印书馆，1988：272-273.

<<< 第五章 传统儒学人文精神的价值理念与法治若干价值理念的比较分析

近代平等权观念的提出和平等原则的确立有其思想的和经济的根源。马克思说，商品是天生的平等派。中世纪中后期，随着资本主义商品经济的成长和发展，社会分工不断扩大，出现了工场手工业和大规模的商品贸易。大规模的贸易要求商品所有者拥有进行商品交换的平等权利和自由，工场手工业要求有一定数量的工人，他们能自由地出卖自己的劳动力，平等地与雇主签订合同。而商品交换则意味着所有人的劳动平等和同等效用，因为根据价值规律，商品的价值是由社会必要劳动时间决定的。

近代平等观念的思想渊源是欧洲文艺复兴时期的人文主义思潮。人文主义思潮是一场发生在14~16世纪的思想解放运动。它提倡以人为中心，强调人的价值和人的存在的意义。它提倡人性和人的理性，反对神性和神学；提倡人权和个性自由，反对神权和教会的蒙昧主义；提倡个人的现世幸福，反对教会的禁欲主义；提倡现世的人人平等，反对封建和教会的等级特权。后来的资产阶级启蒙思想家和理论家，接过人文主义的火炬，运用人类的理性，解构了神性，将集中体现人类理性的法律奉为是至上的，于是，中世纪的上帝面前人人平等的神学就合理地转化为法律面前人人平等的世俗平等，并确立为现实社会的基本原则。西方社会经历了较长时间的思想启蒙运动，在平等的思想理论上，形成了如下有特征的思想。

其一，主张平等是适用于一切人，突出人的主体地位。

近代平等强调人是国家和社会的主人，认为这是符合自然法的，而国家或社会对人的奴役则是反自然法的。卢梭就坚信在"自然状态"中，人与人之间本来都是平等的。由于私有制和法律的建立，不平等终于变得根深蒂固而成为合法的了。[1] 专制和暴君不仅把人类的平等推到

---

[1] 卢梭. 论人类不平等的起源和基础 [M]. 李常山, 译. 北京：商务印书馆. 1997：149.

了顶点，同时也使自己走到了尽头。专制政府达到腐败极点的时候，也就是人民收回权力，并用暴力驱逐暴君的时候，因而也是公共权力重新回到主权所有者手中的时候，这样，不平等又重新变为平等，但不是原始自然平等，而是主权平等和法律平等。

其二，在平等的内容上，突出主体地位平等和权利平等。

古代平等基于关注人的生存需要，通常形而下地把平等定位在对现有财产的重新分配这个范畴之内，或者形而上地讲人的精神上价值平等。近代平等则将人的社会地位和政治地位平等作为平等的主要内容。近代所讲的"人人平等"和"公民平等"彰显了人在社会和国家中的平等地位。人既然是社会和国家的主人，那么人也应当有作为主人的平等的权利。把平等理解为权利平等，是近代平等区别于古代平等的一个显著特征。

在马克思主义看来，平等，无论作为观念形态，还是作为社会存在形式，都是历史和现实的产物。平等的观念和原则，受制于社会经济、政治和文化结构。近代的平等价值观念和原则，包含着内在的矛盾性。近代的平等以封建专制、封建特权和等级为打击目标，而以确认和实现资本关系和资本利益为直接目的。因此，它是以资本的特权取代了封建特权。平等地位和平等权利对于广大的劳动者来说，由于没有充分的物质条件的保障，难免有一定的虚伪性。19世纪法国空想社会主义者傅立叶针对当时法国宪法规定的自由、平等和人民主权，尖锐地批判道："与这些冠冕堂皇的权利相反，一个平民要没有一个苏（法国的辅币名称）在身上，他甚至一顿饭都吃不上……所以，许多写在纸上的权利，都是不现实的。把这些权利赋予那些没有办法实现的人，那是对他们的一种侮辱。"[1]

---

[1] 傅立叶. 傅立叶选集（第1卷）[M]. 汪耀三，译. 北京：商务印书馆，1959：154.

<<< 第五章　传统儒学人文精神的价值理念与法治若干价值理念的比较分析

其三，平等具有普世性，相对性、辩证性、广泛性和制度性。

现代社会的平等，随着社会的发展和人类文明的进步，平等的观念有了进一步发展。现代社会把平等作为具有普世性、相对性、辩证性、广泛性和制度性的价值观念。①

现代社会，平等已经成为普世性价值标准。现代各国的法律制度都确立了平等权的宪政原则。自法国的《人权宣言》和美国的《独立宣言》率先确立了平等权以来，几乎所有的现代国家的宪法，都规定了平等权。在现代文明社会中，平等已经成为一种没有疑问、没有争议的共识，甚至是一种没有任何理由反对的公理。② 不仅如此，国际人权公约中都有平等权的规范。自从自然权利在17世纪出现以来，平等原则在一些国家的法律中已经历了很长的历史发展。然而，直到1945年《联合国宪章》通过以后，这一原则才在国际的意义上成为一般原则。③联合国大会1948年通过的《世界人权宣言》第2条规定："人人有资格享受本宣言所载的一切权利和自由。不分种族、肤色、性别、语言、宗教、政治或其他见解、国籍或社会出身、财产、出生或其他身份等任何区别，享有平等的人格尊严和权利、平等的法律保护，不受任何歧视。"

现代社会在理论和制度上反对极端平等，承认和接受平等的相对性和平等与不平等的辩证性。平等的相对性有两个方面：首先，作为绝对平等对称的相对平等，承认差别和在一定条件下允许实行差别。其次，对应性，即平等是相比较的一个概念。没有比较对象的、抽象的平等是无法衡量和体现的。④ 平等与不平等的辩证性体现在现代社会寻求平等

---

① 周仲秋. 平等观念的历程 [M]. 海口：海南出版社，2002：337-346.
② 周仲秋. 平等观念的历程 [M]. 海口：海南出版社，2002：338.
③ 阿尔弗雷德松，艾德.《世界人权宣言》：努力实现的共同标准 [M]. 中国人权研究会组织，译. 成都：四川人民出版社，1999：79.
④ 朱应平. 论平等权的宪法保护 [M]. 北京：北京大学出版社，2004：39.

与不平等之间的妥协，既肯定平等的价值追求，又肯定一定程度上可以接受的不平等的合理的存在的价值。因而人们努力的目标就在于在平等的价值追求中正视不平等，而在不平等的现实中尽可能追求平等。① 美国当代著名的哲学家、教育家穆蒂莫·J.艾德勒说："正义同样需要不平等"，"对平等地位的人平等对待，对地位不平等的人根据他们的不平等给予不平等待遇，这是正义。使一些政治和经济物质的拥有者在不同程度上占有的多些，另一些人占有的少些，这也合乎正义。"②

现代社会平等的内容具有广泛性。近代社会的平等主要指向地位和权利的平等，而现代社会的平等，其指向的边界广泛，涵盖面广，内容极为庞杂。例如，艾德勒在《六大观念》一书提出平等有诸多层面。他把平等或不平等的第一个层面称为个人的平等与环境制约上的平等。个人的平等又可以分为生来就有的平等和后天的平等。环境的平等可分为机遇的平等和条件的平等，条件的平等有时也称为结果的平等。艾德勒认为正义只有在环境制约的条件下才有意义，而在个人平等与否的问题上，不存在正义与否的问题，因为它只是一个事实。平等的第二个层面是实际存在的平等和应该存在的平等。这两者都是针对环境制约的平等与否而言的。艾德勒认为在不应该有但又存在条件不平等的地方，可以通过正义要求建立条件的平等，以改变并代替这种不平等。平等的第三个层面是种类上的平等与程度上的平等。这个层面是最难同时又是最重要的限定或区别。在环境平等的领域内，拥有某一条件的人们之间存在着平等，而拥有某一条件的群体和不拥有这一条件的群体之间却存在着不平等，这就是种类上的平等或不平等；而拥有某一条件的人们之间，由于他们对所拥有的条件在占有程度上存在差别，即有的人多，有

---

① 周仲秋.平等观念的历程[M].海口：海南出版社，2002：343.
② 艾德勒.六大观念[M].郗庆华，薛笙，译.北京：生活·读书·新知三联书店，1989：211-213.

<<< 第五章 传统儒学人文精神的价值理念与法治若干价值理念的比较分析

的人少,这种程度上的相同或不相同就是程度上的平等或不平等。① 现代社会特别强调发展过程中的机会平等,认为机会平等比结果平等更现实、更重要。现代社会平等的适用主体从所有的个人和公民扩展到种族、民族、国家、政党和社会组织。现代社会的平等的事项范围也越来越广泛。近代平等权保护主要是针对消极自由,现代平等权保护已经扩展到经济、社会和文化方面。

现代社会的平等具有制度性。近代社会,平等作为一项社会制度原则得以确立。随着资产阶级革命胜利,平等主张因其在反封建专制和等级特权中的历史功勋,平等原则的正义性和功效性已得到了社会广泛的认同。但由于现实制度尤其是资本主义政治和经济制度的内在矛盾,制度的平等价值引起了广泛的关注。从平等理论研究上看,大批现代西方思想家关注制度的正义问题,他们大多选择从平等的理论视野来研究现实社会制度的正义性和公平性,如罗尔斯的平等主义正义论、奥肯的平等与效率抉择论等,就是其中的典型代表。② 而从平等制度建设层面来看,西方发达国家的国内法和国际人权公约以及区域性人权公约,都规定了比较完善的平等权制度,主要内容有:公民在法律地位上平等;公民平等地享有法律规定的权利、平等地履行义务,平等地受罚和获得法律救济;同样的情况同样对待,不同的情况差别对待;没有合适的理由不得实施歧视和不合理的差别待遇;规定了一些重要的具体平等权;平等权的保障措施等,从而形成了一个比较完善的平等权法律制度体系。

---

① 艾德勒. 六大观念 [M]. 郗庆华,薛笙,译. 北京:生活·读书·新知三联书店,1989:211-213.
② 周仲秋. 平等观念的历程 [M]. 海口:海南出版社,2002:345.

(二) 平等价值与法治文明

1. 人人平等价值观念的确立,是催生法治的精神动力

法治的生成离不开一定的"生态环境",法治的建构也离不开一定的条件。学界通识认为法治以市场经济、民主政治和理性文化为其基础。我们认为人人平等的价值观念是贯穿其中的基本价值观念。

平等并不是法治的独有价值,但平等价值观念的扩张和提升,即人人平等的价值观念的确立对法治的产生具有催生作用。自私有制产生以后,随着社会出现了阶级的分化,国家和法就产生了。法产生以后,平等就是法的一种价值。但是,在不同的法律制度下,平等价值的含义和地位是不同的。如前所述,在古代社会的法律制度中,平等表现为一种特权,而不是一种人权。近代以来,平等成为一项原则和一种人权。我国有学者将法律平等分为"法律等级圈内的平等""法律内的平等"和"法律面前人人平等",认为前两种法律平等是古代社会的法律平等,是部分人内部或之间的平等,以自然经济和简单商品经济为基础;法律面前人人平等是法律平等的现代形态,以社会化商品经济即市场经济为基础。[①]

古代社会的生产方式和生活方式决定了其政治和法律的类型和价值属性——人治而非法治。前资本主义社会虽然经历了若干发展阶段,但无论在哪一个阶段都表现出了明显的人的特征。以封闭性、保守性、分散性为特征的自然经济形式,在根本上决定了当时的社会政治状态,当然也决定了国家的治理方式。生产关系的狭隘性、社会关系的狭隘性、

---

① 周永坤. 市场经济呼唤立法平等 [M] //张文显,李步云. 法理学论丛(第1卷)[M]. 北京:法律出版社,1999:423-424.

<<< 第五章 传统儒学人文精神的价值理念与法治若干价值理念的比较分析

人的视野的狭隘性决定了与此相适应的国家治理方式只能是狭隘的人治方式。①

市场经济是以市场作为资源配置的基础或主要手段的经济。市场经济也是为了交换而进行生产的经济。市场经济得以形成和发展的前提是承认人作为商品生产者和交换者独立、平等的地位，因此，自由平等是市场经济发育的基础。在流通过程中发展起来的交换价值，不但尊重自由和平等，而且自由和平等是它的产物，它是自由平等的现实基础。②

民主政治与平等有着内在的联系。启蒙思想家孟德斯鸠指出在民主政治下，真正的平等是国家的灵魂。③ 平等权是人民主权的逻辑前提、表现形式和民主政治的具体设计形式，也是拘束国家权力的重要手段。④ 人民主权是民主政治的根本原则，它得以成立的基本前提是人人有平等的人格地位，人人都是社会和国家的主人。同时，平等权又是人民主权的基本表现形式。在代议制下，选举平等权使得人民主权原则得以存在和运行。

在理性文化中，人人平等是一项重要的观念。理性文化要去除笼罩在统治者头顶上的神圣光环，恢复他们作为人的本来面目。理性文化孕育着公民意识，使社会成员明确认识到自己是摆脱了人身占有、人身依附关系的社会和国家的主人，是政治生活、社会生活的主体，而不是任人摆布的客体或附庸。

法治要求树立"法律至上"的权威。任何社会里的法律皆有权威，法治所要求的法律权威是立于政府之上的权威。任何社会里的政府皆有

---

① 谢岳，程竹汝. 法治与德治——现代国家的治理逻辑 [M]. 南昌：江西人民出版社，2003：7.
② 马克思恩格斯著. 马克思恩格斯全集（第36卷）[M]. 北京：人民出版社，1979：169.
③ 孟德斯鸠. 论法的精神（上）[M]. 北京：商务印书馆，1961：45.
④ 朱应平. 论平等权的宪法保护 [M]. 北京：北京大学出版社，2004：118-119.

权威，法治所要求的政府权威是置于法律之下的权威。① 法律至上要求人们对法律的绝对服从，实质上是"一种非人格化的服从"。② 所有的人，特别是那些掌握着国家权力的人都在预先规定的、明确的法律规则之下，接受着法律的统治。这一点很重要，如果我们要在基本特征上将人治与法治相区别的话，那么，制定和执行法律的那些人或政府权威是否也同样接受了法律的约束而处在其权威之下，将是划分的关键依据。③

法治要求树立法律的具有普遍约束力的权威，其实质是要树立人的尊严和权利的至上性。法治之法的权威是人的尊严与价值的反映。法律之所以能够具有普遍约束力的权威，在根本上是因为他的普遍性所必然包含着的理性价值：即法律对人的价值的尊重和制度提升。④ 在我们看来，法治条件下，法律对人的价值的尊重和制度提升，根本的指向是人人平等，它朝着两个相反相成的方向发挥作用：一是反对特权和极端的权力，二是反对歧视和奴役。

2. 确认和维护平等价值，是法治的基本标志

平等是否成为一项法律原则和一种人权，是专制法律与民主法律、人治与法治的基本标志。在专制和人治制度下，人与人之间的关系是不平等的，至多是在某个等级圈内的平等。等级特权制度是专制制度的本质属性，平等原则与等级制度本身是相互冲突的。自近代以来，平等成为法律的基本原则，平等也成为一项人权。在此意义上，平等价值成为人治与法治的分水岭。

---

① 夏恿. 法治是什么——渊源、规诫与价值 [J]. 中国社会科学, 1999 (4)：117-143.
② 李龙. 宪法基础理论 [M]. 武汉：武汉大学出版社, 1999：98.
③ 谢岳, 程竹汝. 法治与德治——现代国家的治理逻辑 [M]. 南昌：江西人民出版社, 2003：2-3.
④ 谢岳, 程竹汝. 法治与德治——现代国家的治理逻辑 [M]. 南昌：江西人民出版社, 2003：3.

<<< 第五章 传统儒学人文精神的价值理念与法治若干价值理念的比较分析

近代民主宪政国家的宪法和法律都有平等价值的规定。① 英国是近代宪政的发源地。英国尽管没有成文宪法，其宪法性文件直接对平等的规定很少，但内含平等精神。英国主要由普通法院运用法律保护公民平等权。当然，英国现在有了专门的人权法和平等权条文。1776年美国《独立宣言》规定："我们认为这些真理是不言而喻的：人人生而平等，他们都从他们的'造物主'那边被赋予了某些不可转让的权利，其中包括生命权、自由权和追求幸福的权利。"1789年《美利坚合众国宪法》主要内容是权力配置，没有权利法案。后来的宪法修正案涉及了平等权。宪法修正案第14条第1款（1868年批准）规定："所有在合众国出生或归化合众国并受其管辖的人，都是合众国的和他们居住州的公民。任何一州，都不得制定或实施限制合众国公民的特权或豁免权的任何法律；不经正当法律程序，不得剥夺任何人的生命、自由或财产；在州管辖范围内，也不得拒绝给予任何人以平等法律保护。"第15条第1款（1870年批准）规定："合众国公民的选举权，不得因种族、肤色或以前是奴隶而被合众国或任何一州加以拒绝或限制。"第19条（1920年批准）规定："合众国公民的选举权，不得因性别而被合众国或任何一州加以拒绝或限制。"1789年法国《人权宣言》第1条规定："人生而自由、权利平等，且应该如此的生存下去，除非基于公共利益，否则不允许社会上的差别。"第6条规定："在法律面前，所有的公民都是平等的，故他们都能平等地按其能力担任一切官职、公共职位和职务，除德行和才能上的差别不得有其他的差别。"

现代社会平等权有空前发展。美国当代著名行政法学家施瓦茨指出："如果说当代公法有一个反复出现的主题，那么，这一主题就是平等，包括种族之间的平等、公民之间的平等、公民和侨民之间的平等、

---

① 朱应平. 论平等权的宪法保护 [M]. 北京：北京大学出版社，2004：50-84.

139

富翁和穷人之间的平等、原告和被告之间的平等"。① 近代宪法以自由权内容为主，平等权不是很突出。近代平等主要是公民权利和政治权利方面的平等，大多属于消极性权利，主要用来排除来自国家的不平等待遇。面对现实中的不平等状态，现代平等权保护的事项内容重点发生了变化，实质平等内容增多。② 现代平等权最大变化是社会权利空前扩张。新的平等要求宪法和法律对弱势群体实行倾斜性保护，以实现实质正义和平等理念的要求，它要求宪法和法律保障生存权、环境权、学习权、工作权等社会权，以保障公民有权利要求实质的平等。现代社会平等权的法律保障，要求国家必须努力架构实现实质平等的法秩序，政府必须转变职能，从原来的管制到现代的服务就是一个基本的变化。

（三）法治文明中的平等价值与传统儒学的思想智慧

1. 法治文明的平等价值之人文标尺：人的尊严和主体地位的不可侵犯

尽管人们对法治有种种理解，但当代英国法学家沃克仍然说法治是一个无比重要的，但未被定义，也不是随便就能被定义的概念。③ 1959年1月，国际法学家群集印度新德里讨论法治问题。会议结束时，综合30个国家的法学研究机构和大约75000名法学家所给予的意见，提出了一份法治宣言。这份宣言界定法治为："一个动态的概念……不仅用来保障和促进个人在自由社会中享有公民和政治权利，并且要建立社会的、经济的、教育的和文化的条件，使其正当愿望和尊严得以实现。"在这个概念之下，国际法学家认为法治有两大理念：无论法律内容为何，国家的一切权力应该要根源于法，而且要依法行使。其次，法律本

---

① 施瓦茨. 美国法律史 [M]. 王军，等译. 北京：中国政法大学出版社，1989：251.
② 朱应平. 论平等权的宪法保护 [M]. 北京：北京大学出版社，2004：123.
③ 沃克. 牛津法律大辞典 [M]. 北京：光明日报出版社，1988：790.

<<< 第五章　传统儒学人文精神的价值理念与法治若干价值理念的比较分析

身应当以"尊重人性尊严"此一崇高价值为基础。①

如果说法治应当以尊重人性尊严为价值基础，这体现了法治的"人文情怀"，那么法治文明的平等价值明确要求人人平等，这无疑是树立了一杆人文标尺。法律面前人人平等，意味着人类通过法律，给每一个社会成员建构了一个平等的法律人格，赋予每一个人同等的法律地位。此种人格和地位，是每个人同样都具有的。人人都有平等的人格和地位，此种人格和地位不因人们之间的种种差异而遭到否定，在人之为人这一点上，平等是绝对的。

不要把公民平等与人类平等等同起来，公民平等只是人类平等的一种形式和必然结果。对此，勒鲁有非常清楚的论述。勒鲁认为要确立政治权利的基础，必须达到人类平等，在此以前则没有权利可言。②我们信仰公民平等，是因为我们首先信仰人类平等。古人不懂得人的平等，即作为人的人类平等；情况与此相差甚远，对他们来说，平等倒是建立在这种观念的否定基础上。他们的宗旨可以说是使极少数人享受平等，而我们的愿望则是使人人得到平等。我们决不能用摒弃别人的方式去实行平等。我们最终必须承认人类的普遍平等，只要有一天人类平等没有得到公认，战争状态必然是部落与部落之间、民族与民族之间的自然状态。③

人人平等的根据是什么，对此，有的人认为在于人的共同性，在于人有相同的"人性"；有的人认为这是基于个人，是社会成员从而对社会有贡献这一事实。事实上，人人平等价值的确立，是人类理性选择的结果，它意味着人类文明的进步。

---

① 周天伟. 法治理想国——苏格拉底与孟子的虚拟对话 [M]. 北京：商务印书馆，1999：81-82.
② （法）皮埃尔·勒鲁. 论平等 [M]. 王允道，译. 北京：商务印书馆，1988：68.
③ （法）皮埃尔·勒鲁. 论平等 [M]. 王允道，译. 北京：商务印书馆，1988：69-72.

141

2. 法治文明的平等价值之现实人文关怀：补弱容强，构建强弱和谐共处的社会

现代社会，人们认识到平等不是绝对均等，平等不是绝对不允许有差别对待，只是要求在做出差别对待时有正当的理由；平等要求相同的情况同样对待，不同的情况不同对待。

我国有学者认为平等是专属人类精神状态的一种理性追求——动物之间只存在弱肉强食的自然法则而绝无平等可言。① 他提出了平等三原则：平等只会是弱者发出的呼唤；被要求平等（均分物质财富）的主体之间本无平等可言，平等主体之间原本只存在利益的争夺和实力的较量；平等只能依靠一种超越平等主体的权威力量才能求得——这种力量一定比强者更强，且为弱者所拥戴、所推崇。② 并由此指出平等本身中的不平等悖论：平等是需要权威才能实现的，权威若是出自世俗社会的成员，那他同其他成员之间便再无平等可言了，这意味着平等的实现是以不平等的存在为前提条件的。③

很明显，现实社会中不平等的现象是客观存在的，抹平这些不平等现象既不现实，也非一定有益。指导制度设计和抉择的价值准则是复杂的，平等尽管是法律制度的基本价值，但不是唯一价值。自由与平等是近代民主思想的两大基石。1789年法国大革命产生的《人权宣言》将平等与自由明确宣布为人类不可剥夺的最基本的自然权利，伴随着《人权宣言》在全世界的广泛传播，平等与自由这一"黄金组合"就成了各民主国家共同确认的最神圣的民主原则。但近代以来，人类在实践这两大价值目标过程中暴露出自由与平等之间的根本性矛盾。"自由资本主义时期，尽管没有否认安全与某些平等形式（例如权利与机会平

---

① 冯亚东. 平等、自由与中西文明 [M]. 北京：法律出版社，2002：3.
② 冯亚东. 平等、自由与中西文明 [M]. 北京：法律出版社，2002：4-5.
③ 冯亚东. 平等、自由与中西文明 [M]. 北京：法律出版社，2002：8.

等）的重要性，但却将促进自由视为政府政策的首要任务。在社会主义国家，人们试图消除收入与财产状况的差别，其最终（但却是分期实现的）目的是要达到对需要的平等满足。"①

3. 平等理念与传统儒学"义分则和"的思想智慧

笔者认为，法治所要求的平等理念，在传统儒学思想是通过和谐理想和义分观念加以表达的。当然，在这种理论表达中体现了中国学者在这个问题上思维的特殊性。正如有学者指出的，一般说，儒学重个人道德修养，把道德人格视为社会和谐的基础。这个看法从大致上符合了儒学思想的构架。但儒学又重视从制度安排的角度，设定"义分则和"，由此来表达和谐理念，反映出儒学特有的平等思想②。

传统儒学"义分则和"的思想有一个发展过程。这一思想与"礼"的学说相联系。当然，"礼"在孔子那里主要指的是"周礼"。所谓"周礼"，有学者做了较好的概括，即以父系氏族血缘关系与王位继承及"授民授疆土"的分封制相结合的宗法等级制度以及体现这一制度的一套完整的礼仪规范，其基本特征是要"贵贱有等，长幼有差"，即所谓"礼别异"，它是周天子用来纲纪天下的根本大法。③ 但孔子主张，这种礼的制度应做到"礼之用，和为贵"（《论语·学而》）。"和"是礼的内部结构的要求，即所谓君臣上下"莫不和敬"，父子兄弟"莫不和亲"，乡里长幼"莫不和顺"（《荀子·乐论》）等。《朱子语类》解释这里的"和"："如天之生物，物物有个分别。如'君君臣臣父父子子'。至君得其所以为君，臣得其所以为臣，父得其所以为父，子得其

---

① 博登海默.法理学——法哲学及其方法[M].邓正来，姬敬武，译.北京：华夏出版社，1987：244.
② 朱贻庭.义分则和——关于构建和谐社会的儒家智慧[J].探索与争鸣，2005（08）：4-6.
③ 朱贻庭.义分则和——关于构建和谐社会的儒家智慧[J].探索与争鸣，2005（08）：4-6.

所以为子，各得其利，便是和。"显然，"和"主要指各安其位，各得其所，彼此相安和谐的意思。但荀子在这方面做了进一步的发展，明确提出了"义分则和"的命题。荀子认为，人与牛马不同就在于能过群居的社会生活，人之群居彼此又有"贵贱之等，长幼之差，知愚能不能之分"（《荀子·荣辱》）而"分何以能行？曰：义，故义以分则和"（《荀子·王制》）。所谓"义"即适宜，做到上下贵贱的等级分层适当，人们各安其分，各守其道，各得其宜。

通过"礼之用，和为贵""义分则和"等历史具体形式，可以发现包含于平等思想的儒家智慧。社会总是存在分层的问题，社会分层涉及社会资源的分配，当我们在强调社会平等的问题时，并不是要追求绝对平均主义的价值，而是要关注社会资源分配标准的合理性，只有"义分则和"，达到消解矛盾，人们之间才能和谐相处。

二、法治的自由理念与传统儒学民本思想

自由是法治文明的重要内容，但人们对自由的认识却并不一致，古往今来有各种各样的自由理论和主张，因此可以说自由是一个需要定义而又难以定义的概念。我们不想在这里对自由下一个一劳永逸的定义，而是以人文的视角来理解自由，说明传统儒学民本思想与法治的自由理念在思想表达上的内在关系。

（一）自由的含义及其人文意义

在思想理论上，人们对自由是什么和自由有哪些形式的问题有各种不同的认识。为避免在自由思想的丛林中迷失自己，我们从自由问题的起点出发来探讨自由的含义及其人文意义。

从词源上讲，西文"自由"一词源自拉丁文 Libertas，原义是指人

第五章 传统儒学人文精神的价值理念与法治若干价值理念的比较分析

从束缚中解放出来。哈耶克认为自由的原始意义在于自由意味着始终存在着一个人按其自己的决定和计划行事的可能性；此一状态与一个人必须屈从于另一个人的意志（他凭借专断决定可以强制他人以某种具体方式作为或不作为）的状态适成对照。① 在古代罗马，一个奴隶一旦从主人的统治下解放出来，也就获得了自由。一个儿子一旦达到一定年龄，便从父权的束缚中解放出来，具有独立的人格。在古代罗马，自由意味着一个人在法律上独立的地位和人格，可以自主自为。一个自由的人在思想和行动上是自主自为的，不受他人的束缚。

从自由的原义中，我们可以看到"束缚"是自由的对立面。束缚有自身和外在两个方面。当我们在社会关系和人与自然关系意义上讨论自由时，自由所面对的束缚如果说不全部是外部的束缚的话，那它起码主要是指外部的束缚。对人的外来束缚，主要有自然和社会两个方面。人要挣脱束缚，获得自由，就要从自然和社会的束缚中解脱出来，不受盲目必然性的支配，不受他人的干预、奴役。不受束缚意味着人的自主，这里，自由表示着人的一种自主的状态。

自由是否仅此而已呢？回答显然是否定的。因为人是"动物"，其生命在于运动，其价值在于创造。人在不受束缚的同时，还可以积极行动，这里，自由表示着人的一种自为的状态。当代英国学者伯林把人在社会生活中不受他人束缚的自由称为消极自由，把从事活动的自由称为积极自由，并特别强调消极自由。实际上自由的这两方面不是孤立的，而是密切联系的，自由是人们从事活动而不受束缚的状态。据此，我们可以这样界定自由，即自由就是人在与自然和社会的关系中所获得的不受束缚而自主自为的状态。

自由是人与生俱来的问题，它既表示人与自然及其规律的关系，也

---

① 哈耶克. 自由秩序原理 [M]. 邓正来, 译. 北京：生活·读书·新知三联书店, 1997：4.

表示人与社会及其规律和社会规范的关系。在人与自然的关系中，人为什么享有自由？因为人有认识的能力，人能够根据自己对自然的认识来支配自然，将自己的意志凌驾于自然之上，为自然立法。恩格斯指出："自由是在于根据对自然界的必然性的认识来支配我们自己和自然界。"① 在人的认识与外部世界及其必然性的关系上，自由意味着人的意志与客观规律的统一。人对于自然的自由通常称为意志自由。它强调人能够认识自然和客观规律，人能够选择、控制自己的行为，实现自己的目的。人类的认识能力越强，认识水平越高，越能认识客观真实性，同时人类的技术水平越高，越能超越自然力的束缚，因而人类的自由度越大，科技的进步会扩展自由。意志自由的取得和实现有赖于人类文化的进步，这种自由从本性上讲，具有进取的积极意义。

意志自由的人文意义在于它是人类区别于自然、动物的标志，也是人类进步的动力和标尺。古今中外的思想家们大都认为自由是人固有和特有的属性，因为人有思维、理性、自我意识。动物没有意识，不仅没有关于对象的意识，更没有关于自身的自我意识，动物的生命活动，纯粹是一种本能性的活动。黑格尔曾明确地讲动物是没有自由的。马克思主义认为人作为类存在物，本质上是一种自由的存在物。人作为类存在物，自由是人类区别于动物以及其他物种的最根本的特点。人类的自由在于满足自身的需要，而人的需要是无止境的，人类对自由的不断追求，会促进社会的进步。而人类文化上的每一个进步，都是迈向自由的一步。②

在人与社会的关系中，自由作为不受束缚而自主自为的状态，从表

---

① 马克思恩格斯著. 马克思恩格斯选集（第3卷）［M］. 北京：人民出版社，1995：456.

② 马克思恩格斯著. 马克思恩格斯选集（第3卷）［M］. 北京：人民出版社，1995：456.

层看，它通常是指人们可以按照自己的意志行事而不受他人束缚，即行为自由；从深层看，自由是指人的个体性不受束缚，人保有自己的个性，即个性自由。行为和个性自由的人文意义在于承认并尊重人尤其是个人的主体地位，保障人一定条件下的意志和行为的不受束缚，承认并提倡人的自主自为、自我实现的能力。

在政治社会里，对自由的最大威胁来自国家或公共权力。自由根植和表现在一定社会历史条件下的个人与他人、个人与社会、人类与自然的关系中，自由作为人自主自为的状态，其基本意义是个人要摆脱自然和社会的强制性支配，而以社会历史的主体姿态出现，有意识、有目的地驾驭和改造自然、社会和自己，因此，个人的自由要求往往表现为个人与社会的冲突。在社会存在着分化和对立的时候，阶级和国家的统治就是必然和必要的，国家总是以全社会的"代表"自居，但实际上，国家是一种强制工具，它必须把人的行动控制在自然和社会需要限定的范围内。由于国家在社会中的特殊的地位和作用，个人在国家面前有无自由，有哪些自由，程度如何，这些问题就显得至关重要。

（二）法治文明与自由价值

在探讨法治自由价值之前，我们先阐明法律与自由的关系。在社会关系中，自由总是与社会规范直接相对，例如在人与自然的关系中，自由总对着自然规律一样。不同的社会规范赋予人们以不同内容、程度和方式的自由。自从出现了国家和法律以后，自由主要是与法律规范联系在一起。因为在政治社会中，特别是近现代以来，国家主要以法律来规范社会生活，调整人们之间的权利义务关系，自由与否、自由的程度如何，主要以法律为最高衡量标准，人们不能超越法律而行事，否则，就会受到法律制裁，法律成为最普遍最一般最权威的行为规范。

自由被纳入法律范围，法律成为衡量自由与否及其程度的直接标准，正如马克思所指出的自由就是从事一切对别人没有害处的活动的权利。每个人所能进行的对别人没有害处的活动的界限是由法律规定的，正像地界是由地标确定的一样。① 在法律制度之下，人们遵守法律，服从法律，依法行使权利，就会获得法定的自由，否则自由就会被限制甚至剥夺。在这种意义上，法律是自由的界限和保障，法律自由即意味着在法律许可范围内不被约束并可以做一切事情的权利。

被纳入法律之内的自由是什么样的自由？如果我们把这种自由称为法律自由，那么法律自由属于人的行为自由。因为从直接的作用对象看，法律是为人的行为设计的规范，正如马克思所说："除了行为以外，法律别无客体。""对于法律来说，除了我的行为以外，我是根本不存在的，我根本不是法律的对象。我的行为就是我同法律打交道的唯一领域。"② 很显然，人的纯粹的精神活动，它没有通过行为表现出来，法律是不应该加以干预的，不能因此而施加法律责任。法律不为人的精神立法，说明法律对人的精神持放任的、宽容的态度，即法律确认和保障人的主观、意志自由。

法律自由属于人的行为自由，这并不意味着法律自由与"意志自由"无关。所谓"意志自由"，也可称为精神自由、主观自由，简单地说就是指人能够认识、掌握客观事物和客观规律，而非全然无知无识像木偶似的被牵引着。法律虽然不直接针对人的意志，但人的行为通常受意志的支配。恩格斯说："就个别人说，他的行动的一切动力，都一定要通过他的头脑，一定要转变为他的愿望的动机，才能使他行动起

---

① 马克思恩格斯著. 马克思恩格斯全集（第1卷）[M]. 北京：人民出版社，1956：438.
② 马克思恩格斯著. 马克思恩格斯全集（第1卷）[M]. 北京：人民出版社，1956：16-17.

来。"① 人的行为有一个内在的、主观的方面。法律作为行为规范，尽管不对人的主观世界设范立制，但法律不是与人的意志无涉的。法律通常根据人的意志状况的不同来对人的行为进行分类调整。因此，人的内在意志要通过外在的行动实现，这种意志的内容应与法律的要求相一致。所以，真正的行为自由是内在的意志自由和外在的行动自由的统一。

法律自由是行为自由，暗含意志在法律上是自由的；而当我们讲法律是行为规范时，意味着在法律上，行为自由是相对的、有限的，是受法律界定的；而意志自由则是绝对的，是不受法律约束的。从法律角度讲，人可以随心所欲的思想，但不能随心所欲地行动。法律对人的行为自由进行了设定，划定了它的界限，也正是在此意义上，边沁说："每一条法律都是对自由的一种侵害。"②法律应当确认和保障人的主观意志自由，包括思想自由、信仰自由等，这是法治的一项基本原则。人不能仅仅因主观原因而被追究法律责任，正如马克思所说的："凡是不以行为本身而以当事人的思想方式作为主要标准的法律，无非是对非法行为的公开认可。"③

自由在不同的法律制度中有不同的意义。自由在奴隶制法和封建制法中表现为少数统治阶级的特权，法律上确认和保障人对人的奴役和控制；自由在资本主义法和社会主义法中则表现为人的普遍权利。当然，资本主义法中的自由形式上是普遍的，本质上是"资本的特权"。

从法治的角度来看，法律应当以自由为目的。洛克指出："不管会

---

① 马克思恩格斯著. 马克思恩格斯全集（第21卷）[M]. 北京：人民出版社，1956：345.
② 石元康. 当代西方自由主义理论[M]. 上海：三联书店，2000：97.
③ 马克思恩格斯著. 马克思恩格斯全集（第1卷）[M]. 北京：人民出版社，1956：71.

引起人们怎样的误解，法律的目的不是废除或限制自由，而是保护和扩大自由。"① 马克思也指出："法律不是压制自由的手段。……法律是肯定的、明确的、普遍的规范，在这些规范中自由的存在具有普遍的、理论的、不取决于个别人的性质。法典就是人民自由的圣经。"②

　　法律应当以自由为目的，确认和保障自由。一方面这是法治对人权尊重和保障的必然要求，另一方面也体现了法治的人文性。从价值目标上讲，法律应当服务于人类解放的事业，法律应当是人类不断迈向自由、实现解放的确证，而不应是奴役、压迫人的工具。自由的精神是主体自主自为的精神，这种精神实际上也是一种人文精神。从法律上讲，自由的精神首先是权利意识，而这种权利要求的社会化，就是主体在法律上的人格平等、权利和义务的辩证统一。当我们把法律自由理解为做法律允许做的事情的时候，其中应当已经内在地隐含着一个价值前提，这就是普遍平等、民主作为原则在法律上得到了确认。对于特权法，普通的人遵守它，非但不能获得自由，相反，要获得真正的自由，只有到这种法律之外去寻求。考察历史不难发现，自由总是被看成国家和法律的对立面，而追求自由的总是那些要求改变现成制度的人们。可见，自由虽然是人与生俱来的问题，但它获得全社会的普遍意义，成为法律的基本价值之一，却是在社会发展到特定的阶段，即进入近现代民主法治社会之后。

　　当然，法律以自由为目的，这是从价值角度来说的，关于自由与法律的关系，可从多种角度来考察。从规范的角度来考察，静态地看，法律规定了自由的种类、内容和界限，既对自由起确认和保障作用，同时又起限制甚至禁止作用。动态地看，一方面，法律通过立、改、废、释

---

① 洛克. 政府论（下篇）[M]. 北京：商务印书馆，1983：36.
② 马克思恩格斯著. 马克思恩格斯全集（第 1 卷）[M]. 北京：人民出版社，1956：71.

的方式不断地扩大自由的内容，反映人们新的自由要求，提供实现自由的新途径和更多的保障，法律的实施不但维护和保障人们的自由权，而且为自由创造良好的社会秩序和物质条件；另一方面，自由权和自由精神在法律的现实运动中得到不断的扩大和普及，以此作用于社会生活，并反映变化了的社会情况，引起法律制定和实施的变化。从社会的角度来考察，法律是确认还是限制自由，根源不在法律本身，而在于社会物质的和精神的生活条件。法律及其确认的自由，两者都受到社会客观条件和客观规律的制约，两者都是物质生活和精神生活条件的反映。

（三）法治自由理念的本质与传统儒学民本理想的思想境界

1. 法治自由理念的本质的思考

法治的自由理念包含着其文化本质，即个体的自由与社会的民主。法治的自由理念与人文精神紧密相连，强调人是法律的主体，不是法律的客体；人是目的，不是手段。把法看成统治和压迫人的工具，法治就是依法治人，这不是法治的法律价值观。在法治秩序中，人不是法的对立面，每个人都有独立的法律上的主体资格，不能被作为法的客体，法只能是是人的手段。法治条件下的法的至上性不以贬低人的至尊地位为代价，相反，法的至上性实质上是要保障每个人的主体的自由和独立地位，而非仅仅是某个人或者某些人的主体地位。"人的至尊与法的至上的有机统一，是当代法治发展的基本路向，"① 法治的自由价值观就是一种"人本"法律观。

法治的自由理念由此包含了对社会民主的要求。法治的法要保障人的自由和发展，法治的法就必须体现社会绝大多数人的利益，使绝大多数人的意志通过法定的程序得到表达。正是在这个意义上，我们说法治

---

① 汪太贤. 论法治的人文情结 [J]. 西南民族大学学报：人文社会科学版，1999（6）：132-136.

的生成和建构以商品市场经济为其客观基础，以民主政治为其制度保障。法治的自由理念需要理性尤其是科学精神来支撑和滋润，法治的法必须是良法，也是在这个意义上进行的表达。在法治条件下，即便是人们对法律的信仰，那也是基于这个法体现了绝大多数人的利益和要求，人们在服从法律的时候，就是在服从自己的意志。当然，这是从本质意义上进行的分析，它的实现是一个历史的过程。

2. 传统儒学民本理想的思想境界与法治的自由理念

中国文化的传承有它特殊的路径。如前所说法治的自由理念在本质上强调社会的民主和人的个体自由，中国传统儒学人文精神文化虽然没有达到如此的思想境界，但也有与此思想相联系的理论，它反映了中国古代思想家的理论智慧。民本理想可以说是中国传统儒学在这个问题上进行思考的重要学说。"民本"一词语出《尚书·五子之歌》：民惟邦本，本固邦宁。民本主义就是主张立国安邦必须重视以民为本的思想，为政以德必先取信于民。

应当说民本主义的尊重民意与法治自由理念包含的民主思想所体现民意在性质上有所不同。前者民众是被动的，权力掌握在君主手中；后者民众处于主动地位，民众可以通过各种正常途径积极影响公共决策和执行。前者以民众对君王的人身依附为前提，君主的英明，为民做主是它的理想归宿；后者强调公民人人平等，主权在民，政府官员是社会的公仆，社会生活要法律化、制度化。因此，我们看到民本主义思想经过中国理论家的努力，在历史的发展过程中不断得到改造，逐渐转化成为现代法治理念所要求的民主主义的理论话语。但民本主义思想在中国古代的历史条件下具有进步的意义，就中国今天的社会现实情况也有其存在的合理性，因为毕竟它不同于专制主义，并与专制主义具有本质的区别。民本主义强调以民为本，这与专制君主利益之上必然发生冲突，为了增进其说服力，儒家民本主义还借助于神秘的天命学说或天理学说来加强论证，但其中包含了在政治制度上的人文关怀。传统儒学民本主义思想是人类思想的财富，我们要积极吸取其思想精华，来推动中国法治文明的发展。

三、法治的人权理念与传统儒学的仁爱思想

人权理念是法治又一个重要内容。人权的思想源远流长，人权理念与人文精神具有内在的联系。中国传统儒学的仁爱思想可以看作是人权思想在中国当时历史条件下以中国的方式的一种表达。

（一）人权理念的学理分析

要说明什么是人权，笔者认为首先要说明什么是权利。有学者认为权利概念包含五大要素，即权利、主张、资格、权能和自由，权利的定义为"以其中任何一种要素为原点，以其他要素为内容"[①]。但笔者认为，其实就权利的基本构成而言，离不开与利益的关系，利益性和正当性应是权利最基本的成分。利益性反映的是主体的所求，这是从人的自身中发生的。正当性则是人与他人（社会）的关系中发生的，因此所谓权利可以这样定义，即人发自自身并为他人（社会）所认可的正当性利益。

这说明权利不可能是一个抽象的概念，权利是社会的产物，权利所反映的是人与人、人与社会的关系。理解了权利，就有可能理解人权。笔者认为，人权是权利中属人的并为人所应当享有或实际享有的那部分权利的总和。这样，属人性就是人权的权利不同于其他权利的特点所

---

① 夏勇. 人权概念起源 [M]. 北京：中国政法大学出版社，1992：187.

在。但人权不是天赋的，而是历史形成的①，人们在人权问题上的进步，不仅反映了社会的进步，也反映了人对自身认识的进步。

从历史上看，人权观和人权制度同其他社会意识、社会制度一样，是在历史上不断展开的。严格地说，古代社会早已有一些人权意识的萌芽，但并未形成独立意义上的人权。独立意义上的人权是近代文明发展的产物。在原始社会，当时生产力水平低下，自然血缘关系限制人们对人自身认识的视野，同时权利和义务在当时也没有任何差别地被使用，人们还没有形成独立的权利意识。但人类进入文明社会之后，私有制代替了原始公有制，统治、剥削造成了不平等，在反抗剥削、统治的过程中，一些先进的思想者，提出了人人自由平等的思想，这些思想在奴隶制社会和封建制社会由于缺乏系统性的社会条件，人们并未形成一种独立的人权学说，但却为后来的人权理论提供了重要渊源。近代人权思想就是"天赋人权论"，它产生于近代资本主义兴起的历史背景下，文艺复兴运动尤其是人文主义思潮的影响为近代人权思想形成创造了条件或基础，近代的人权理论经过格劳秀斯、洛克等人的阐释逐渐系统化，并趋于成熟。

但要深入理解人权价值，还必须处理好人权与主权、人权与公民权、人权中的生存权、发展权与自由权、观念人权与制度人权等相关关系。

1. 人权与主权

有学者把人权与主权的关系确定为市民社会与政治国家的关系，这有一定的合理性。人权的实现不能离开政治国家在其中的作用，特别是人的政治权利、法律权利本身就是国家规定和认可的权利。但从发生学

---

① 马克思恩格斯著. 马克思恩格斯全集（第2卷）[M]. 北京：人民出版社，1964：146.

的意义上分析，是人权产生了主权，市民社会是政治国家的基础。因为人权作为人对自身权利意识的制度化，人权的提出在历史上最初是针对政治国家权力或神权对个人的人身、人格及财产的随意践踏而提出的命题。人权的具体内容是人们在从事经济等生产活动中自发形成的某种观念，并加以规定而发展起来的。正是在这个意义上，作为近代人权理论的代表洛克提出，人的生产权、自由权、财产权是人与生俱来的自然权利，君主的权力应受到限制，决不能听任他们任意的专制统治。人权理论的另一代表卢梭则创立了人民主权的思想，他认为人们之所以创立国家，是为了使自己在公意的指导下生活，这种公意体现的是公民的公共意志，因此国家主权是属于人民的。

2. 人权与公民权

有学者把人权与公民权看作是同一的命题，认为所谓人权是对"公民基本权利的一般称谓"[1]"人权实质上就是公民权"[2]。其实问题不应是这样的简单，人权作为人应该享有的权利，并非一开始就成为一个国家或社会公民的基本权利，它只有通过立法的活动，才能使人权转变为公民权，并由此得到国家强制力的保证。正是在这个意义上，马克思在讨论人权问题时是和公民权分开来使用这个概念，他提出："一个人有责任不仅为自己本人，而且为每一个履行自己义务的人要求人权与公民权。"[3] 人权之所以与公民权不同，在于人权是本源意义上使用的，而公民权则源于人权，是对部分人权的法定化。因此，法国《人权宣言》提出："一切政治结合的目的都是为了维护自然的和不可剥削的人权。"马克思也指出，在阶级社会中，无产阶级要通过斗争争取自己的

---

[1] 宪法词典 [M]. 长春：吉林人民出版社，1988：5.
[2] 吴家麟. 宪法学 [M]. 北京：群众出版社，1983：325.
[3] 马克思恩格斯著. 马克思恩格斯全集（第16卷）[M]. 北京：人民出版社，1964：16.

人权和公民权，任何主张放弃争取公民权的斗争都是幼稚可笑的。人们争取公民权，是为了保障人权的实现。

3. 人权的均衡性

前联合国教科文组织法律顾问提出了"三代人权"的理论，即认为第一代人权源于美国和法国的大革命时期，主要是指公民权利和政治权利；第二代人权源于俄国革命时期，主要是指经济、社会及文化权利；第三代人权源于对全球相互依存现象的回应，主要包括和平权、环境权和发展权。由于不同阶段人权在处理公民和国家的关系的不同，第一代人权又称为消极的人权，第二代为积极的人权，第三代为"社会连带权利"。"三代人权说"正式将人权的发展历史地划分为自由权本位，生存权本位、发展权本位三个阶段。我们在这里不具体分析"三代人权"理论的利弊，而是要分析我们应怎样来评价人权的文化内容。有一种代表性的观点认为，"生存权与发展权是首要人权"，这种观点的理论基础是马克思的一句名言，即"人们首先必须吃、喝、住、穿，然后才能从事政治、科学、艺术、宗教等等"[1]，"人们为了能够创造历史，必须能够生活，但是为了生活，首先就需要衣、食以及其他的东西"[2]，但这样的论证，作者把生存和生存权简单地相等同，其实是不严格的，生存是一种事实状态，生存权是一种法律状态。我们不能把生存先于自由的事实直接置换为法律上的生存权。[3] 笔者同意有学者提出的观点，即人权是不可分割并相互依存的，人权反映的是人的尊严，但人的尊严不能仅仅靠突出保障某些权利来实现。生存权、发展权和自由权之间是相互依存的关系，人们不可能把它们相割裂。正是这样，我们

---

[1] 马克思恩格斯著. 马克思恩格斯全集（第3卷）[M]. 北京：人民出版社，1975：123.

[2] 马克思恩格斯著. 马克思恩格斯全集（第16卷）[M]. 北京：人民出版社，1975：31.

[3] 徐明显. 人权研究 [M]. 济南：山东人民出版社，2002：35.

看到1968年人权的《德黑兰宣言》第13款规定："人权及基本自由不可分割，因此不能享受经济、社会性权利，也就不能完全实现公民和政治权利。"1993年《维也纳人权宣言》第5款规定："所有的人权都是普世的，是不可分割和相互依存的，它们互相关联。国际社会必须在全世界以公平和平等的方法，对等且均衡的对待各种人权。"强调人权的均衡性对中国人权建设具有十分重要的意义，使得我们必须克服思维的片面性，积极地创造条件去实现人的本质的全面复归。

4. 观念人权与制度人权

人权在现实社会的实现状况有不同的层次，即可区分为应有人权、法定人权和实有人权。应有人权即原本意义上的人权或观念人权。这种人权以一种道德权利的形成而存在，它是实有人权的基础，是对实有人权进行评价的重要依据或尺度。法定人权是人们通过立法等活动使人权法律化、制度化，使其得到有效的实施，应该说法定人权为人权向实有权利转化提供了可操作性的条件。[①] 实有人权是人们直接能感受到的人的权利。有学者对中国人的人权发展经历从观念人权到制度人权的过程做了分析，这有助于我们思考这个问题。我国意识形态领域在相得长的时期内一直把人权作为资产阶级意识形态的范畴。直到20世纪80年代末至90年代初，这种情况才有所改变。1991年发表的第一份中国人权状况的白皮书，首次肯定了人权在中国政治发展中的地位。1991年中央还专门支持中国社会科学院成立了人权研究中心，加强对人权问题的研究。20世纪90年代中期，党提出推进政治体制改革的目标是建设社会主义法治国家，人权观念受到了重视。1997年，中国共产党将"人权"写入十五大文件。同年，中国政府签署了《经济社会及文化权利国际公约》，1998年，我国政府又签署了《公民权利和政治权利国际公

[①] 吕世伦，薄振峰. 论人权的几个对应范畴 [J]. 金陵法律评论，2004 (01): 12-24.

约》。2002年底,中国共产党在十六大报告中提出要尊重和保障人权。2004年3月,十届人大二次会议通过《宪法修正案》,第一次把人权概念写入了宪法,专门增设了"国家尊重和保障人权"一款,从而使人权从观念形态进入制度形态。

(二)法治与人权具有内在的一致性

法治与人权是密不可分的,它们相互影响,相互作用,具有内在的一致性。

首先,法治的法律必须是良法,良法在本质上要体现人权的要求,因而具有一致性。对良法,虽然学术界有不同看法,但主要有两个方面标准,即形成标准和实质标准。古代亚里士多德最早对良法的标准做了论述,他认为形式上的良法即法具有稳定性、适时性等。实质标准则是法要体现理性、正义和追求善。古罗马的西塞罗是借助于神秘的自然力量,张扬法的权威,认为法的权威性来自理性的力量,所谓良法,即"恶的改造者和善的促进者"。如果说古代的法学家在良法的主张上还是比较的抽象,近代的法学家则明确提出了良法在于维护个人权利和自由。为此,英国法学家洛克提出,政治之所以是必要的,是因为个人自由、权利实现的需要,人们为了将自然和利益换为更高的社会权力,政治的产生就有了客观的依据,良法以维护个人的自由和权利为目的。法国思想家卢梭认为,社会公约产生了国家和主权,而国家的活动或主权的行使必须以公意为准绳,良法的意义在于使国家或主权遵行公意的原则具有实践的可行性,从而体现统治本身的正义性。

其次,法治内涵了民主合理性的设想。人权是法治的必然表达,因此两者具有一致性。民主是法治的基础和前提,国家权力机构的民主化方式和政治管理的民主化过程是法治国家的制度基础。与人权、专制相对立,法治所要排除的就是权威主义、极权主义和个人独裁主义。法治

第五章 传统儒学人文精神的价值理念与法治若干价值理念的比较分析

在其中体现的民主合理性设想，实际上是人权思想的必然表达。就是说法律是为人而存在的，体现人权要求的法要走向自我完善，不仅在一般的社会生活中要反映出来，而且也要反映到政治生活中来。因此，马克思这样分析民主制和君主制的区别："在民主制下，不是人为法律而存在，而是法律为人而存在；在这里人的存在就是法律，而在国家制度的其他形式中，人都是国家规定的存在。民主制的基本特点就是这样。"①当然，人权通过立法转化为法律的权利是一个过程，并非所有人权内容都由立法转化成法律权利，但一旦转化成法律的权利，就受到了国家强制力的保护，具有了国家强制性、权威性和普遍有效性。法治内涵的民主合理性设想体现了人权的要求。

第三，以人为本是法治的价值观基础，因此法治和人权具有内在的一致性。一般说所谓法的价值是作为法价值主体的人和作为法价值客体的法的关系中表现出来的法对主体的效应。它具体表现为法应追求的目标，法在追求这些目标时的实际效果以及依据这些目标对这些效果的评价等。以人为本是法治的价值观，这是因为法治，我们不能仅仅把它看作是治理国家的一种方法或手段。一个国家或社会在建设过程中，既需要用法律规范来调控，也需要用道德等其他的规范来调控，这是无可非议的，而对法治而言在于这个国家或社会把法律推崇为最高的统治力量，约束政府权力并对社会进行有效的治理。这时法治作为治理国家的方式是与人治相对立的。在法治的这种形式背后，内涵了对政治民主、社会正义、保障人权、公民平等自由等原则的强调。正是在这个意义上，我们看到《牛津法律大辞典》对法治做了这样的说明："一个无比重要的但未能定义，也不是随便就能完成的概念，它意指所有的权威机构、立法、行政、司法及其他机构都要服从于某些原则。这些原则一般

---

① 马克思恩格斯著.马克思恩格斯全集（第1卷）[M].北京：人民出版社，1956：72.

被看作是表达了法律的各种特性，如：正义的基本原则、道德原则、公平和合理诉讼程序的观念，它含有对个人的至高无上的价值观念和尊严的尊重。在任何法律制度中，法治的内容是：对立法权的限制；反对乱用行政权力的保护措施；获得法律的忠告，帮助和保护向大量的和平等的机会；对个人和团体各种权利和自由的正当保护；以及在法律面前人人平等……它不是强调政府要维护和执行法律及程序，而是说政府本身要服从法律制度，而不能不顾法律或重新制定适应本身利益的法律。"法治的以人为本价值观就要求在实行法治建设中必须重视人权的法律保护，法治与人权具有内在的一致性。

（三）人文精神、天赋人权与人权价值的原理论

据考证，人权概念是文艺复兴时期意大利的诗人但丁第一次明确提出的。人权思想虽然在西方古希腊罗马时期就已有萌芽，到中世纪又有进一步发展，但正是欧洲的文艺复兴运动尤其是人文主义思潮的影响，使得人权的问题逐渐明确起来并成为近代法治文化的重要命题。其中，以人文主义思想为基础的天赋人权论可以说是人权的本源理论或基础。有学者做过分析，西方的人权本原理论有三种基本观点，即天赋人权论，法律权利说与社会权利说，其中天赋人权始终占据着主导地位，影响极为广泛与深远[1]。

但天赋人权论是西方近代的重要学说，它源自古代的自然法学说。自然法学说和人文主义思想的结合，从而形成了天赋人权的理论。古代自然法学说的典型表达反映在古希腊斯多葛学派理论中。斯多葛学派认为宇宙的发生发展过程受其内在的"逻各斯""命运"或"理性"的支配。人作为宇宙的一部分，其理性是宇宙普遍理性的一部分，受普遍

---

[1] 李步云. 论人权的本原 [J]. 政法论坛：中国政法大学学报，2004（2）：10-18.

理性的支配。这种普遍的理性就是自然法，人们服从理性的命令，就是服从自然法的要求，自然法是整个宇宙的基础。由于上帝赋予了我们每个人相同的理性，所以人与人之间是平等的，每个人都应当成为世界的公民。古罗马法学家西塞罗继承了斯多葛学派的思想，他提出理性和自然规律是国家和法律的基础，事实上有一种真正的法律，即正确的理性。它与自然相适应，它适用于所有的人并且是不变和永恒的，通过它的命令，这一法律号召人们履行自己的义务；通过它的禁令，使人们不去做不应当的事情。① 人人受自然法的指导，因而人人是平等的。

  斯多葛学派的上述思想突破了狭隘地强调种族、地位、身份的不平等观念的藩篱，为普遍意义上的近代人权观念提供了思想资料。而经过中世纪后期开始的文艺复兴运动，尤其是人文主义思潮的洗礼，自然法学说得到了进一步发展。其中，荷兰的格劳秀斯把自然权利的概念引入于自然法学说中，使其的自然法理论更具有世俗化的特点，突破了原自然法学说具有的神学色彩。他认为：自然权利是正当的理性命令，它根据行为是否与合理的自然相和谐，而断定其为道德上的必要与否。自然法的一系列原则是不证自明的公理，并由此推演出国内成文法和国际法的一系列原则。英国的霍布斯是继格劳秀斯之后的另一个自然法的倡导者，他的突出贡献在于进一步把自然法学说建立在科学的推理和实证的基础上。《利维坦》是霍布斯的代表作。在这部作中，霍布斯指出在人类还生活在早期的自然状态时，人们利维坦是自由并平等的，但由于人的行为受自身难以满足的私利的驱使，人们处在一种战争的状态，其生存和安全得不到保障。于是人们通过契约创建一种共同体对人自身进行管辖，这是出于人的理性的指导，寻求和信守和平是自然法的第一条原则；每个人都放弃自身的拥有的自然权利而组成社会，以实现人类的自

---

① 博登海默. 法理学——法哲学及其方法 [M]. 邓正来，姬敬武，译. 北京：华夏出版社，1987：14.

我保护是自然法的第二条原则。以上述观点为基础，霍布斯还推导出如遵守信约、宽恕、平等、公道、公平分配、相互尊重等一系列的自然法原则。英国的约翰·洛克则进一步把人的自由权、生命权、财产权等作为自然的权利确定下来并融于自然法的学说中。他认为在自然状态下人们的行为受自然法的支配，人们是自由的，每个人都可以按照他们认为合适的办法，决定他们的行动和处理他们的财产和人身，而无须得到任何人的许可或听命于任何人的意志。但由于没有可以作为判断是非和处理利益冲突的法律并缺少一些有权来执行法律的机构，于是人们就同意通过订立契约来建立政治社会即成立国家。国家的建立目的在于保障公民的生命、安全、自由、平等、财产和追求幸福的权利。公民的这些权利是公民应当享有的一种自然权利或天赋权利。政府如果违背契约和自然法的精神，侵犯人民的权利，人民就有权将其推翻。

由于人文主义思想的影响，古代的自然法学说在近代逐渐演化成天赋人权理论，并有力地推动了人权理论的发展和人权在各国的立法实践。因此，1774年10月14日第一次大陆会议通过的《权利宣言》就认为"自古不变的自然法则"是殖民地获得自身权利的主要依据。1776年美国通过的《独立宣言》指出："我们认为这些真理是不言而喻的：人人生而平等，他们都从他们的'造物主'那边被赋予了某些不可转让的权利，其中包括生命权、自由权和追求幸福的权利。"1789年8月法国通过的《人权和公民权宣言》指出："任何政治结合的目的都在于保存人的自然的和不可动摇的人权。这些权利就是：自由、财产、安全和反抗压迫。""为了保障这些权利，所以才在人民中间成立政府。而政府的正当权力，系得自被统治者的同意，如果遇有有任何一种形式的政府变成损害这些目的的，那么人民就有权来改变它或废除它。"人文主义、天赋人权理论，是法治文明人权价值的原理论。

<<< 第五章 传统儒学人文精神的价值理念与法治若干价值理念的比较分析

(四) 传统儒学的仁爱思想与法治人权理念的相通性

儒学的"仁爱"思想虽然是一个道德概念，但其内含的思想与法治的人权理念具有相通性。一般说道德范畴，是要求社会成员为了群体利益要自觉地做出克制或牺牲，要劝说人们放弃个人的某些既得利益。这从正面来说，就是使得每个人的正当利益得到尊重和张扬，人应享有或实际享有的那部分权利得到充分的肯定。当然，用儒学的"仁爱"思想在表达这个内容时，有其思想的特点。

据考证，孔子《论语》一书"仁"字有 105 处[1]，使用得十分频繁。"仁"的范畴标志着传统儒学人文的性质。作为仁爱的含义，如前所述，有两方面的意义：其一，强调在人与其他物类的关系上，人是更为重要的；其二，在人与人的相互关系上，应当相互尊重和友爱。当然，仁爱思想在最初的表达上是以血亲之爱为基础并引申开来，以后才不断提升成为具有普遍性的人道原则。[2] 当然，儒学的仁与礼又有密切的关系。仁强调个人的道德修养和主观自觉，礼则强调对人具有强制性的社会制度和行为规范。礼和仁互为表里，相辅相成。仁是内在依据，礼是外在表现。所以，孔子曰："克己复礼为仁。"(《论语·颜渊》)"非礼勿视，非礼勿听，非礼勿言。"(《论语·颜渊》) 正是以这样的仁爱思想逻辑，儒学对人权理念具有意义。我们必须注意到，西方人权理念在历史上是以个人本位为基础的，在个人本位基础上来论证民主和法制的问题，西方的这种思想论证缺乏作为全体社会成员可共同认可的道德本源根据。儒学仁爱思想强调人无须借助外在的力量，而是通过自身的理性思辨就可以直指心性，并作为安家立命的基础，从而为法治的人权思想提供了新的思想资料。

---

[1] 张践. 儒家"仁"学的现代意义 [J]. 孔子研究, 1992 (04): 3-10.
[2] 陈卫平. 论儒家人道原则的历史演进 [J]. 浙江社会科学, 1998 (04): 92-97.

四、法治的正义理念与传统儒学的道德正义

正义理念是法治的重要思想内容。但传统儒学的道德正义与法治的正义理念具有相通性。

（一）正义的含义与种类

1. 正义的含义

正义一直以来被认为是人类社会的一种最基本的价值理想和价值目标。从词源的角度看，在西方，关于"正义"一词的词源，目前国内法学界有两种看法：一说认为正义一词源自荷马诗史中的 dike 和 themis，dike 从词根 deiknumi 推导出来，意为"我表明""我指出"，由此转译为判官对争论做出的判断或争论一方提出的主张。Themis 一词由词根 tithemi 推导而来，意为"我提出""我制定"。作为名词，themis 意为"正义女神"。① 另一说认为"正义"一词出现于拉丁语 justitia，是由拉丁语"jus"一词演化而来。"jus"一词最初有正、平、直等含义，后来由此词发展而来的英文"justice"一词，也有公平、公道、合理、公理、正义、法律制裁、司法、审判等含义。② 在中国，古代汉语中的"公""正""直""平""义"等词的含义相当于现代汉语中的正义一词。

正义是什么？对正义的内容，古今中外有无数不同的理解，正义是一个最崇高但又是最为混乱的概念。正义是"一个难以消除歧见的问题，过去如此，现在如此，未来也尚未呈现出解决争议的可能性，这是

---

① 周永坤. 法理学——全球视野 [M]. 北京：法律出版社，2000：221.
② 吕世伦，文正邦. 法哲学论 [M]. 北京：中国人民大学出版社，1999：463.

第五章　传统儒学人文精神的价值理念与法治若干价值理念的比较分析

一个永恒的争论"①。

正义通常又可称公平、公正、正直、合理等。这些词可以说含义相当，但意义强弱、范围大小可能有所差别，所以，在不同场合下应选择较合适的词。② 正义是人类普遍认为的崇高价值，仅从字面上看，是指具有公正性、合理性的事物。③ 但公正性与合理性又是指什么？自古以来有各种不同的理解，并由此导出的对正义的不同定义。

在当代学术上，关于正义的定义通常分为形式定义与实质定义两种。正义的实质定义试图揭示正义的核心含义，并以此作为具体的标准来区分正义与不正义。平等、自由、自由与平等的结合、安全、功利、理性、和谐、共同福利等价值都曾被作为人类谋求实现的正义。柏拉图认为正义存在于社会有机体各部分间的和谐关系中，每个公民必须在其所属的地位中尽自己的义务，做与其本性最相适合的事情。在亚里士多德看来，正义寓于"某种平等"之中。英国哲学家、社会学家赫伯特·斯宾塞认为正义的最高的价值是自由，正义是每个人都可以自由地干他所想干的事，但这是以他没有侵犯任何其他人所享有的相同的自由为条件的。约翰·罗尔斯将平等与自由结合起来理解正义。托马斯·霍布斯与杰里米·边沁将安全作为解决社会正义的首要价值。④

与正义的实质定义相对的是形式定义。形式定义不提出区分正义与不正义的具体标准，而是要找出各种不同的实质定义之间的共同点。⑤

---

① 郑成良. 法律之内的正义：一个关于司法公正的法律实证主义解读 [M]. 北京：法律出版社，2002：6.
② 沈宗灵. 法理学 [M]. 北京：北京大学出版社，2000：74.
③ 沈宗灵. 法理学 [M]. 北京：北京大学出版社，2000：77.
④ 博登海默. 法理学——法哲学及其方法 [M]. 邓正来，姬敬武，译. 北京：华夏出版社，1987：239-245.
⑤ 郑成良. 法律之内的正义：一个关于司法公正的法律实证主义解读 [M]. 北京：法律出版社，2002：9.

比利时当代法哲学家佩雷尔曼（Ch. Perelman）对形式正义理论做过系统研究。他归纳出思想史上最为流行的六种关于分配的正义概念，即对每个人同样对待，对每个人根据优点对待，对每个人根据工作对待，对每个人根据需要对待，对每个人根据身份对待，对每个人根据法定权利对待。佩雷尔曼认为可以把形式正义解释为同样的人应受到同样的对待，它是对各种具体正义的抽象概括。他所罗列的六种正义概念中，第一种正义概念可以看作是形式正义，另五个属于具体正义。①

2. 正义的分类

正义是一个复杂的价值范畴，它有丰富的内涵和广泛的适用领域，我们可以从不同的角度或基于不同的理论框架进行研究。在思想和学术上，比较典型和有意义的正义分类有以下几种：

（1）经济正义、政治正义、道德正义和法律正义

这是根据正义适用的领域不同来作的划分。美国法学家庞德认为，在伦理上，我们可以把它看成一种个人美德或是对人类的需要——或者要求的一种合理、公平的满足；在经济和政治上，我们可以把社会正义说成是一种与社会理想相符合，足以保证人们的利益与愿望的制度；在法学上，我们所讲的执行正义（执行法律）是指在政治上有组织的社会中，通过法院来调整人与人之间的关系及安排人们的行为；现代法哲学家们也一直把它解释为人与人之间的理想关系。②

（2）个人正义和社会正义

这是根据正义的主体不同所做的分类。个人正义是指个人具有的美德。在这里，正义被理解为个人符合道德的姿态。它要求每一个人都要按照道德的善和要求，诚实可信地扮演社会角色并完成其社会任务。作

---

① 张文显. 二十世纪西方法哲学思潮研究 [M]. 北京：法律出版社，1996：580-584.
② 庞德. 通过法律的社会控制——法律的任务 [M]. 北京：商务印书馆，1984：73.

为美德的主观正义也被称为正直或正派。① 罗尔斯提出了"社会正义"这一概念,他认为社会正义的主要问题是社会的基本结构,或更准确地说,是社会主要制度分配基本权利和义务,决定由社会合作产生的利益之划分的方式。②

(3) 实质正义与形式正义

这是根据正义与其所指向的制度之内容和形式不同所做的划分。这一划分是罗尔斯提出来的,其理论渊源可以追溯到马克思·韦伯的"形式合理性与实质合理性"范畴。罗尔斯在《正义论》第二章中,提出了"制度的与形式的正义"概念。在他的理论中,实质正义是社会制度本身的正义,形式正义是指对制度确定的规范的"一贯地坚持""公正一致的管理","是对原则的坚持,或像一些人所说的,是对体系的服从"。③ 从法学的角度讲,实质正义即法律的实体正义,是指依据实体法规范执行和实现的正义,形式正义主要是法律的程序正义,即依据程序法规范执行和实现的正义。

(4) 分配正义和矫正正义

这是根据正义的功能不同所做的划分。这种划分是西方文化传统中最为典型的一种分类,它是由亚里士多德提出来的。所谓分配的正义就是求得比例的相称,即根据人的出身、功绩、能力等的不同分配财富、荣誉、官职等。对不同的人给予不同的对待,对相同的人给予相同的对待。所谓矫正正义是指当分配正义遭到破坏时,通过矫正的方式予以重建和恢复。矫正正义问题的核心是责任。

(5) 一般正义和个别正义

这是根据正义指向对象适用范围不同所做的分类。一般正义是由事

---

① 魏德士. 法理学 [M]. 北京:法律出版社,2003:160.
② 罗尔斯. 正义论 [M]. 北京:中国社会科学出版社,1988:5.
③ 罗尔斯. 正义论 [M]. 北京:中国社会科学出版社,1988:54.

物共性决定的制度规范制定和适用中的广泛妥当性，它要使多数人或一切人都能各得其所的分配结果。例如，立法对一般情况只作一般规定，其一般性保证了其对多数人一般情况下的公正。个别正义是由事物特性决定的制度规范适用中对特别事项处理的具体妥当性，它要使少数人能得到各得其所的分配结果。衡平是沟通一般正义与个别正义的桥梁。所谓衡平就是制度的裁决者根据具体情况适用具有普遍性的规范，以避免不公正。①

（6）自然正义和契约正义

这是根据正义的渊源不同所做的分类。自然正义指不言自明的或来自习惯的正义。契约正义是指人所制定或以协议形式存在的正义。

（二）正义理念与法律、法治文明

1. 正义理念与法律关系的一般分析

（1）正义是法律的一种价值目标，也是法律的一种价值评价标准

首先，正义是人类对法律制度最基本的预期，它是法律权威的来源和根据之一。价值目标是人们对有价值事物的预见和期望，它具有对价值事实客观性的主观超越性，它的形式是主观的，它的内容则具有客观性，是主观性和客观性的辩证统一。正义尤其是社会正义是可欲的，人们对正义的追求一直贯穿在法律运行的各个环节。正义的价值目标既是法治存在的工具合理性之所在，也是法治各环节相互协调的价值合理性之所在。正义对法治具有价值引导作用。法律本身包含权力的因素，具有强制性。但法律不能是纯粹的强制，这样它就是一种纯粹的暴力。法律同时也要讲理，追求正义。法律是"力"与"理"的结合。古罗马

---

① 徐国栋. 民法基本原则解释 [M]. 北京：中国政法大学出版社，1992：326. 博登海默. 法理学——法哲学及其方法 [M]. 邓正来，姬敬武，译. 北京：华夏出版社，1987：442-448.

法学家乌尔比安早就说过:"对于打算学习罗马法的人来说,必须首先了解'法'(ius)的称谓从何而来。它来自①于'正义'(iustitia)。"法律要获得权威和尊严,其本身必须是正义的或者能够促进正义的实现。

其次,正义也是评判现行法律秩序是否正当合理的主要标准,它是法律批判的动力之一。价值评价是人们对价值事实、价值关系进行的认识、评估。价值评价标准是人们进行评价活动时所采用的准则。人们在法律生活中,不可避免地要对法律进行价值评价。正义是人们对法律进行价值评价的一种标准。法律批判是对现行的法律进行的批判,是对法律实施过程中的功过是非所做的评价。边沁说:"这点是肯定的:一种制度如果不受到批判,就无法得到改进;任何东西如果永远不去找出毛病,那就永远无法改进。"② 按照正义的标准对法律进行评价和批判,会促进法律的进化。

(2)法律是实现正义的一种方式,法律正义是正义的一种形式

正义只有通过良好的法律才能实现,法是善良与正义的艺术。这些古老的法学格言和法的定义表明人们已经形成了一种思维定式:法律是正义的代表。这种思维定式反映了人们对法律的期待,也反映人们在寻求表现和实现正义的途径时对法律的信赖。

表现在法律中的正义,可称为法律正义。法律正义作为正义的一种,属于社会正义范畴,是一种特定社会制度即法律制度的正义。法律正义要解决的是法律的公正性和合理性的问题。正如博登海默所说的:"正是正义概念,把我们的注意力集中到了作为规范大厦组成部分的规

---

① 斯奇巴尼. 正义与法 [M]. 北京:中国政法大学出版社,1992:35.
② 边沁. 政府片论 [M]. 北京:商务印书馆,1995:99.

则、原则和标准的公正性和合理性之上。"①

法律正义从内容上看，包括实体的正义和程序的正义、分配正义和矫正正义。实体正义是实体法律对权利和义务分配的正义。程序正义是指法律决策过程的正义，包括立法程序的正义和社会纠纷解决机制的正义。实体正义是基本的正义，程序正义是必要的正义。实体正义是起点和归宿，程序正义是过程和保障。

法律是社会整合的方式，是社会控制的手段，是一种一般性调整机制，它通过权利和义务的分配来实现对利益关系的调整和对人们行为关系的安排，从而建立和维护一定的社会秩序，保障和促进社会的稳定和进步。法律是由国家强制力保障的，它与权力有着必然的联系。法律如果没有权力的支持，就如耶林所说，是"一把不燃烧的火，一缕不发亮的光"。法律的这些诸多特点决定了法律正义的性质。

法律正义是有限的正义。"所谓有限的正义是指我们不能完美地满足正义的要求。"② 有学者认为制度目的的整合性决定了制度伦理所要求的正义必然是有限的正义，并认为这体现在对较小正义的牺牲、其他价值对正义的限制和功利成本对正义的限制三个方面。在我们看来，根据马克思主义法哲学的观点，法律的阶级性决定了法律正义价值的有限性。统治阶级总是同法律价值联系最密切，也是最具有决定性的主体。因此法律正义受统治阶级意志的支配，这主要表现在正义关系原则和模式的选择上。此外，法律的调整范围也决定了法律正义的有限性。法律只能调整人们的外在行为，而且法律也不调整一切外在行为，只调整重要的、具有一定普遍性的外在行为；同时从程序法的角度看，有些纠纷

---

① 博登海默. 法理学——法哲学及其方法 [M]. 邓正来，姬敬武，译. 北京：华夏出版社，1987：238.
② 郑成良. 法律之内的正义：一个关于司法公正的法律实证主义解读 [M]. 北京：法律出版社，2002：92.

也是无法处理的。

法律正义是一般的正义。法律规则是抽象的,它代表着一般的正义或普遍的正义。

2. 正义理念在法治文明中所处的地位

法治文明是人类社会在探索和实践法治过程中形成和积淀下来的具有普遍性、共同性和超越性的政治文明。总结人类政治文明史,不难发现在国家治理的问题上存在着完全不同的两种方式:善治——民主和法治的方式;恶治——专制和人治的方式。① 法治作为现代国家治理的一种善治方式,其价值目标是良序社会。罗尔斯对现代的良序社会做过专门研究,他认为当我们说一个良序社会时,起码表达了以下三个意思:"第一,在该社会中,每个人都接受、且知道所有其他的人也接受相同的正义原则;第二,它的基本结构,也就是说它的主要社会制度和政治制度,以及这些制度如何共同适合于组成一个合作系统——被人们公共地了解为,或者人们有理由相信它能满足这些原则;第三,它的公民具有正常有效的正义感,所以他们一般都能按照社会的基本制度行事,并把这些社会基本制度看作是公正的。"② 我们有充足的理由相信法治文明对正义价值的依赖,没有正义或者正义稀少,都不可能形成法治的良序社会。

正义不仅是法治文明的一种基本价值,而且是法治的首要价值和最高价值,正义价值在法治文明的价值中处于统帅地位。

正义是法治文明的首要价值。罗尔斯在其名著《正义论》中提出正义是社会制度的首要价值。他指出:"正义是社会制度的首要价值,正像真理是思想体系的首要价值一样。一种理论,无论它多么精致和简

---

① 谢岳,程竹汝. 法治与德治——现代国家的治理逻辑 [M]. 南昌:江西人民出版社,2003:11.
② 罗尔斯. 政治自由主义 [M]. 万俊人,译. 南京:译林出版社,2000:36.

洁，只要它不真实，就必须加以拒绝或修正；同样，某些法律和制度，不管它们如何有效率和条理，只要它们不正义，就必须加以改造和废除。每个人都拥有一种基于正义的不可侵犯性，这种不可侵犯性即使以社会整体利益之名也不能逾越。因此正义否认了为了一些人分享更大利益而剥夺另一些人的自由是正当的，不承认许多人享受的较大利益能绰绰有余地补偿强加于少数人的牺牲。所以，在一个正义的社会里，平等的公民自由是确定不移的，由正义所保障的权利决不受制于政治的交易或社会利益的权衡。允许我们默认一种有错误的理论的唯一前提是尚无一种较好的理论，同样，使我们忍受一种不正义只能是需要用它来避免另一种更大的不正义的情况下才有可能。作为人类活动的首要价值，真理和正义是绝不妥协的。"[1] 正义是社会制度的首要价值，自然可以说正义是法治文明的首要价值，因为罗尔斯是站在现代文明社会的立场上展开论说的。

正义是法治文明的最高价值。关于法律的最高价值是什么，思想史和当代理论上，有种种不同的观点，诸如平等至上、自由至上、安全至上等等。这些观点在特定的理论体系中和特定的社会条件下均具有一定的合理性。但我们认为，从理论上讲，在法治文明的法律价值体系中，以正义作为最高价值是最有调和力的。对正义至上，当代美国哲学家艾德勒有过透彻的论述。他认为自由、平等、正义是人们据以指导行动的大观念。在讨论这三者关系时，必须看到正义是独立的、至上的。因为在这三者之中，只有正义是无限制的好事，而自由和平等尽管都是好事，但都不是无限制的。一个人对自由和平等要求过多，会使自己不能与他人很好相处，而且这样也超越他所拥有的自由和平等的权限。而正义则不然，没有一个社会能称得上是过于公正的；也没有一个人的行为

---

[1] 罗尔斯. 正义论[M]. 何怀宏，何宝钢，廖申白，译. 北京：中国社会科学出版社，1988：1-2.

<<< 第五章 传统儒学人文精神的价值理念与法治若干价值理念的比较分析

能说成是,由于过于公正,反而对自己或他人不好的。自由主义者主张自由至上,平均主义者主张平等至上。实际上,自由与平等之间会有矛盾、冲突。只有在正义的支配下,两者才能和谐地扩展到最大限度。关于自由,正义对它所允许的个人自由是有限量的,一个人只应拥有正义所允许的最大限度的自由,不得超过。对于平等,正义会对其所要求的平等与不平等的类别和程度有所限制,一个社会,应在正义所要求的限度内达到最大的平等,这个限度不能超越,超越了就是不正当。①

对于正义在法治文明价值体系中的最高地位,国内学者也有论述。如有学者指出:"由于'正义'概念外延的广阔性,以及现代法律制度价值的多元构成,在某些时候,'正义'意味着'平等''自由''公共福利'等多个价值目标的相互均衡而达到的最佳协调状态。从这个意义上讲,'正义'始终是良法的最高价值形态。"② 因为,其一,在现代社会,法律成为实现社会正义的主要形式,这使得正义成为良法的首要价值成为可能。法律在客观上能保障社会全体成员的合理需要得到满足、社会资源得到合理配置、社会结构得以合理优化。其二,正义价值目标作为个体权利和社会制度正当性、合理性的法律构想和预期,能对现实社会带有一定程度的批判性和超越性,引导人们为建立一个更加合理、完善的法律制度而奋斗。

(三)法治的正义理念与传统儒学的思想智慧

1. 法治正义理念的主要体现

正义从一般的形式意义上讲就是正当、合理。在此意义上,我们来看法治正义理念的主要表现。

---

① 艾德勒. 六大观念 [M]. 郗庆华,薛笙,译. 北京:生活·读书·新知三联书店,1998:65-170.
② 李龙. 良法论 [M]. 武汉:武汉大学出版社,2001:77-78.

173

(1) 法律实体正义的关涉

法治文明的实体价值很多，如生命、生存、生态、和谐、安全、正义、自由、平等、秩序、效率（效益）、民主、和平、稳定、财产、公共福利、尊严、合作、发展、文明等。这些诸多价值之间的逻辑关系十分复杂，理论上有各种不同的看法，例如以正义、自由、平等、秩序和效率（效益）之间的关系来看，有的学者把它们作为并列的价值，有的则仅把正义与秩序相并列，而把自由、平等、效率则看成属于正义范畴的价值。

就正义价值来说，它与法的其他各种实体价值都有这样那样、或紧密或疏远的关系。我们从正面来界定正义的表现的确很难，否则，人们就不会说："正义有着一张普洛透斯似的脸，变幻无常、随时可呈现不同形状，并具有极不相同的面貌。"① 但透过正义就是公正、合理的抽象的形式的定义，我们不妨说，法律的各种实体价值都是法律实体正义所关切的、关涉的价值，其中平等、自由是正义所尤其关涉的。

(2) 法律的程序正义的表现

法治不仅重视法律的实体正义，它同样也重视法律的程序正义，强调法律要通过正当的程序来创制和实现。

关于法律程序正义问题，近现代以来，国内外学者进行了卓有成效的研究，取得了丰硕的成果。边沁最早提出了与实体法相对的程序法观念，他视程序法为实体法的"附属法"，程序被视为达成一定实体权利义务的工具。庞德从社会控制的角度分析了程序的工具价值，指出法律秩序是国家借助法律程序和技术进行社会控制而产生的秩序。波斯纳提出节省资源体现效益的程序是正当的，程序应能够促进经济效率的最大化。富勒将自然法分为实体的和程序的两种。实体自然法是法的外在道

---

① 博登海默. 法理学——法哲学及其方法 [M]. 邓正来，姬敬武，译. 北京：华夏出版社，1987：238.

德，是法的实体目的或理想。程序自然法是法的内在道德，是有关法律的制定、解释和适用等程序上的原则或法治原则，是法律成为法所必需的先决条件。他认为法治重要的不是法律规定了什么，而是如何保障"发现法律的过程"的公开、明确而又审慎；法律公布以后，又应该以怎样的方式、采用何种途径和步骤去实现以达到法治，这就是立法和司法程序面临的问题。罗尔斯也论述过程序正义问题，他将程序正义分为完善的程序正义、不完善的程序正义和纯粹的程序正义三种。在纯粹的程序正义中，不存在对正当结果的独立标准，而是存在一种正确的或公平的程序，这种程序若被人们恰当地遵守，其结果也会是正确的或公平的，而无论它们可能会是一些什么样的结果。他认为纯粹的程序正义才能担当分配或决定社会合理的利益或负担分配的重任。美国康乃尔大学法理学教授罗伯特·萨默斯对程序问题进行了专门、系统的研究，他于1974年发表的《对法律程序的评价与改进——关于"程序价值"的陈辩》一文被公认为研究法律程序价值的经典文献，因为该文第一次提出了法律程序的独立价值标准问题。美国耶鲁大学法学教授杰里·马修于20世纪80年代提出了著名的关于程序的"尊严理论"。[①]

根据罗伯特·萨默斯的研究成果，程序正义主要表现在：程序的参与性、程序的正规性、程序的人道性和尊重个人的尊严、程序中的个人隐私保护、程序的合意性、程序的公平性、程序的确定性和可预见性、程序理性、程序及时性和终结性。

2. 传统儒学的道德正义思想与法治的正义理念的相通性分析

传统儒学人文精神体现的是一种道德文化精神，这种道德文化精神内涵于其中的正义思想与法治的正义理念具有相通性。

一般我们把传统的儒学所主张的治国理念称之为德治。有学者认

---

① 李龙. 良法论 [M]. 武汉：武汉大学出版社，2001：134–143.

为，所谓德治就是道德政治，是把道德运用于政治领域的一种学说，是以道德作为规范君主行为、治理国家社稷、管理庶民百姓的一种学说，是以道德教化作为一种主要的治国手段，运用道德的内在约束力以达到社会稳定之目的的一种学说。① 一般说，道德是特定历史时期人们在实践中所形成的并为普遍认同的由一系列道德原则、范畴和规范构成的具有相对稳定的内心信念及行为方式。正是如此，为一定道德所确认的正义性是法治正义性的基础。道德正义性的作用在于，它往往是以内在的潜移默化的方式影响和制约着每一个社会成员的思想行为，并作为人们判断是非曲直的依据。

孔子作为儒学的开创者，他对德治主义做了论证。他把道德视为治国安邦、协调人际关系的基础、强调个人道德素养和境界提升的极为重要性，主张为政以德的政治理想。孔子为政以德的思想，主要表现为两个方面，其一是围绕政者与道德的关系展开，其二是围绕政者与庶民百姓的关系展开。孔子多次强调为政者应加强政治道德修养与国家政治稳定的关系以及对庶民百姓的道德示范作用。孔子曰："政者，正也。子帅以正，孰敢不正？""其身正，不令而行；其身不正，虽令不从。"（《论语·子路》）"子欲善而民善矣。"（《论语·颜渊》）孔子还把取信于民作为治理国家的基础。子贡曾问政于孔子，"子曰：'足食，足兵，民信之矣。'子贡曰：'必不得已而去，于斯三者何先？'曰：'去兵。'子贡曰：'必不得已而去，于斯二者何先？'曰：'去食。自古皆有死，民无信不立。'"（《论语·颜渊》）

执政者与庶民百姓的关系上，孔子强调执政者要把"爱人"放在首位，使庶民百姓丰衣足食，"百姓足，君孰与不足；百姓不足，君孰与足？"（《论语·颜渊》）即民富则君也不至会贫；民贫则君不可能独

---

① 王杰.为政以德：孔子的德治主义治国模式[J].中共中央党校学报，2004，8（002）：77-83.

富。德治如果不能给百姓带来实惠，就失去了德治的意义。由于孔子所处的时代及个人的局限性，其德治的动机是为了维护统治阶级的统治地位，其出发点并非为了老百姓的利益。但当时时代对德治理解上所体现的正义的思考，对我们今天在强调法治建设上有借鉴的价值。

　　孟子也认为，对物质生活的需求是出自人的本能，庶民百姓或是君子都是如此，因此必须要受到一定道德规范的制约。处理好义与利的关系，做到"穷不失义，达不离道"（《孟子·尽心章句上》）。他的话来解释，即"古之人，得志，泽加于民，不得志，修身见于世；穷则独善其身，达则兼济天下"（《孟子·尽心章句上》）。而要做到这一点，孟子强调要"养心"，提升自己的道德境界，做一个大丈夫，"居天下之广居，立天下之正位，行天下之大道，得志，与民由之，不得志，独行其道，富贵不能淫，贫贱不能移，威武不能屈。"（《孟子·滕文公下》）君臣、父子、兄弟之间能各怀仁义而相互交往，必然会使一个国家兴旺发达。这也就是道德正义。从法治所要求的人的内在修为而言，传统儒学的这些思想具有永恒的价值。

第六章

传统儒学人文精神与法治的结合何以在构建法治的中国模式

我们已探讨了人文精神和传统儒学人文精神等概念,研究了传统儒学人文精神的特点和主要思想观点,说明了法治文明的文化内涵、主导价值观念及与人文精神的相互关系,分析了为什么在中国法治建设上要特别重视儒学文化等问题。这样,我们就可以进一步讨论传统儒学人文精神与法治的结合,从大的方面看,对中国法治建设提出了哪些有重要价值的思考。笔者对这个问题的解答以传统儒学人文精神的基本思想观点入手进行分析。

一、天人合一、和谐与提升法治的思想境界

从天人合一、社会和谐的角度提升法治的思想境界,可以说是儒学人文精神提供于法治文明建设的重要思想财富。

(一)从良法向和谐之法的超越

依法治国是一个中性词,类似的提法在历史上已有人提过,如中国古代的管仲就主张"以法治国"。德国纳粹当道时,也主张"国家依照法律统治"。因此,具体情况要具体分析。依法治国应当是良法治国,这才是问题的实质。在如前所述,历史上亚里士多德就提出过法治和良

<<< 第六章 传统儒学人文精神与法治的结合何以在构建法治的中国模式

法相结合的观点,他说:法治应当包含两重意义:已成立的法律获得普遍的服从,而大家所服从的法律又应该本身是制定的良好的法律……就服从良法而言,还得分别为两类:或乐于服从最好而又可能订立的法律,或宁愿服从绝对良好的法律。① 后来的学者对良法有了更明确的解释或分析,如提出良法就是人民利益所需而又清晰明确的法律,② 毫无疑问,依法治国作为治国的基本方略,维护社会秩序,保障社会长治久安是其基本的价值追求。但还是不完整的,因为秩序只有以正义、人权为基础才能得以维护;离开社会正义的长治久安实际上是不坚固的。强权不是真理,任何违背人民利益的秩序总是不长久的。③ 但依法治国与良法相结合,并不是一个就事论事的问题,其中内涵了法治的基本价值取向,即法治要追求的是一个社会的和谐,要建构的是和谐之法。

而传统儒学人文精神以天人合一思想为基础,实际内涵了对和谐的主张。儒学人文精神可以提升法治的思想境界。天人合一是中国传统儒学人文精神思想基础。由天人合一的理论为基础的人文精神,对人的地位和作用做了特殊的论述,孔子主张:"人能弘道,非道弘人"(《论语·卫灵公》)。孟子则进一步说,"仁也者,人也。合而言之,道也"(《孟子·尽心下》)。他又说,"诚者,天之道也;思诚者,从之道也"(《孟子·离娄上》)。他们相信人只要由尽心而知性、由知性而知天且由知天而事天就能达致天人合一的境界。由此人们注重伦理道德修养,强调礼乐文化熏陶作用,反对一切"固执"的主张,其本质在于追求一种人与社会、人与他人、人与自然的和谐境界。因此,有学者提出"和",认为"和合文化"最能体现儒学文化的精髓,这可以说是把握得较为准确的。天人合一、和谐、和合,这些范畴使法治的境界由良法

---

① 亚里士多德. 政治学 [M]. 吴寿彭,译. 北京:商务印书馆,1965:199.
② 霍布斯. 利维坦 [M]. 北京:商务印书馆,1995:271.
③ 李龙. 良法论 [M]. 武汉:武汉大学出版社,2001:6.

至上向和谐法治超越。

(二) 儒学"和"的观念对法治的意义

传统儒学人文精神以天人合一思想为基础所设定的和谐主张，其中"和"的观念内容极为丰富。孔子说过："和无寡"（《论语·季氏》），一个国家的强弱，决定性的因素不是人口的多少，而是君臣，军民关系的协和。孟子的名言："天时不如地利，地利不如人和"（《孟子·公孙丑下》）；荀子也说："和则一，一则多力，多力则强，强则胜物"，（《荀子·王制》）。但"和"是事物各个成分之间的有机联系，万物都是多样性的统一。因此《中庸》说："万物并育而不相害，道并行而不相悖"。荀子也说万物就是在这样的和谐秩序中产生、发育的："列星随旋，日月递照，四时代御，阴阳大化，风雨博施，万物各得其和以生、各得其养以成。"（《荀子·天论》）。事物就在对立中达到协调并保持统一。

有学者指出，"和"既有天道观的意义，也有人道观的内涵。[1] 从人道的意义上，"和"表现为人们交往的伦理原则或价值观念；从消极的方面看，"和"要求通过主体之间的相互理解、沟通，以化解紧张，抑制冲突；从积极的方面看，"和"则意味着主体之间同心同德，协力合作。[2] 在以上关系上，特别值得注意的是"和"在已有的制度层面运作的意义。"礼之用，和为贵"是传统儒学的名言，这种礼本来涉及的是制度层面如仪式、政令、相处方式等的运作，但儒学却将这种制度的运作与"和"这样的伦理原则相联系，强调礼的作用过程，贵在遵循

---

[1] 杨国荣. 儒字"和"的观念及其内在意蕴 [C] //朱贻庭. 儒学文化与和谐社会 [M]. 上海：学林出版社，2005：82.

[2] 杨国荣. 儒字"和"的观念及其内在意蕴 [C] //朱贻庭. 儒学文化与和谐社会 [M]. 上海：学林出版社，2005：83.

<<< 第六章 传统儒学人文精神与法治的结合何以在构建法治的中国模式

体现"和"的原则,换句话说这里指的是在体制、组织背后人与人之间关系的意义,以"和"的原则达到彼此的相互理解与沟通,从而消除冲突、同心协力。①

这样思考问题,对法治社会建设就提出太多的值得我们讨论的问题。如从"和"的境界来看法治建设,如何处理发展与稳定的关系,书面的法与行动的法的关系、诉讼与非讼的关系等。从现实社会发展来说,比如我们改革开放40多年的发展中法治的建设虽取得不少成就,但一个不争的事实是社会不平衡地加剧,不和谐的现象越发严重:城市差距拉开,二元结构明显,比如1978年我国农民人均年收入与城镇居民相比是1:2.38,2004年则达到1:3.2,尽管到2020年有十一年的农民人均年收入跑赢城镇居民的情况,但差距还是比较大的;东西部差距也明显,有学者在这个方面做过统计,并指出有的省份与中国的北京、上海等城市相比已超过国际警戒线等。② 因此,法治的建设不能流离于社会现实所存在的矛盾,法治的运作最为改变的是促进社会的和谐发展。中国传统儒学人文精神的"和"的思想,使我们必须站在一个新的历史的高度来思考法治问题。

二、群己关系、人伦情感对法治基础论的丰富

从重视群己关系、人伦情感的角度丰富法治基础论,是儒学人文精神提供于法治文明建设的又一重要思想财富。

---

① 杨国荣. 儒字"和"的观念及其内在意蕴 [C] //朱贻庭. 儒学文化与和谐社会. 上海:学林出版社,2005:83.
② 上海社会科学联合会编. 科学发展,和谐社会 [M]. 上海:上海人民出版社,2005:79-91.

（一）法治的陌生人假设及缺陷

法治的理论不应忽略人伦情感的问题。虽然作为法治的基础，一般要强调在经济制度上市场经济的要求，在政治基础上的权力制约和民主形式，文化基础上的理性文化，但法治必须要正确处理和对待人伦情感的问题。法治主张的是良法，良法无疑不是反人性的。同时法治论也必须从法律万能论中走出来。法是国家或社会调整社会关系诸多规范中的一种规范，在主张法治的国家，法律在社会生活关系调整中起主导作用，但在有些社会关系的调整中，法律只能起辅助作用。亲情、人伦的关系，有一些是属于道德调整的，但它们不能淡出法治理论的视野。

在我们的法治理论中存在把法治做机械化理解的倾向，其中突出的是陌生人的理论，认为法治所要求的生活是走出熟人社会人际关系，构造陌生人的人际关系，由此所谓有法治不讲人情说。这从西方学者中搬来的学说在我学界很有市场，而在我们法治建设进步不大。分析存在的问题时，有学者就归结为我们的基础不好，没有构造起一个陌生人的世界。但这种理论本身的可靠性是值得怀疑的，我们来分析作为支持这种理论的有代表性观点。

其一，由身份社会向契约社会的转变带来的人际关系变化。传统社会是一个重身份的社会，人的关系被概括在"家族"关系中，个人的地位是以熟人社会为基础，由伦理原则来规定。而在现代社会，每个人都是独立自由的个体，都有自己特有的利益追求，人际的结合往往是陌生人之间"个人"自由合意的结果。英国学者梅因说："所有的进步社会的运动，到此处为止，是一个从身份到契约的运动。"① 揭示了这个问题的本质。

---

① 梅因. 古代法 [M]. 北京：商务印书馆，1984：96-97.

第六章 传统儒学人文精神与法治的结合何以在构建法治的中国模式

其二,根据马克思的人的发展三阶段理论。这种理论认为现代社会是人发展的第二阶段。这个阶段的基本特征在于人走出了第一阶段人对人的依赖,人的独立性得到发展,但这种独立性是以人对物的依赖为条件的,这个物也就是作为最一般等价方式存在的货币。人与人之间的关系由于走出了人对人的依赖阶段,因而人们之间不再主要以感情为媒介来进行联系,也不再通过纯粹的道德行为来表现自己的价值。由于物对人的特殊意义,人们之间的利益关系突出出来,人对物的追求和崇拜也使人们越来越疏远感情,法律或约定成为唯一可能的人们之间最真实的联系方式。

上述的这些思考当然是很有意义的,它反映了社会在当代发展中具有本质性的内容。同时,法治社会的发展也与市场经济的发展联系极为紧密,契约关系的普遍化,人们利益关系的凸显以及陌生人世界假设都有其现实的根据。正是在这个意义上法律控制成为社会有效控制的普遍方式。这里有法治社会构建中带有普遍性的因素。

但我们必须看到,作为本质的东西并不等于生活的全部。本质的事物是反映了事物发展到一定阶段的趋势性的因素,它和非本质的其他的事物相联系且共同存在着,当我们注意本质事物时,不能忽略非本质的其他的事物的存在并在现实社会生活中的作用。同时,作为本质的东西在不同国家,它的表现方式上也有很大区别,我们不可以对本质的事物作简单并抽象化的理解或对待。我们国家在构建社会主义法治时,不仅应以社会主义市场经济为基础,以承认不同利益主体的存在为前提,肯定人的物质利益的正当性、合理性,必须还要看到不能把这些因素绝对化,看作是唯一的。社会主义经济基础确定了社会经济体制的运作中要使人对物的依赖向积极方向发展,要兼顾社会效益,环境效益,维护人的价值,要使社会的精神文明、道德文明也必须同步得到发展。人们之间要乐于互相帮助、扶弱济贫,重视人权以及人们的情感沟通,积极参与社会的公益活动，遵守社会公德。这里体现的具有社会主义性质的互助公益，也就是要求我们超越狭隘的契约关系的限制，而从整个国家或社会整体利益出发，这是每个公民应具有的权利和义务，也是包括国家在内的政治实体应具有的权利和义务。

因此，中国社会主义市场经济的发展，当然要肯定存在人的发展第二种形态的明显特征，但社会又表现出运用自身的力量或能力努力克服市场经济可能的消极作用。笔者认为这应当属于由第二形态向第三形态转化中的过渡环节。就具有第二种形态的特点看，是以"物的依赖性为基础的人的独立性"，它相对于第一种形态进步是明显的，其中最为突出地在于，这里的"人"已不再具有依附性，而是有主体意识的独立个人，人有明确的自我意识，有意志和行动自由，人际关系上是平等的。但在这个阶段上，人和商品的矛盾很尖锐。一方面商品是人创造的，是人的本质和力量向外部世界的展示和投射，商品之中凝结着人类所创造的文明，体现了人从"最初的社会形态"向"经济的社会形态"发展的丰富内容，另一方面，商品被创造出来，人又不能自由地支配它，甚至反过来被商品所支配，如出现货币拜物教、享乐主义和极端个人主义，市场以"看不见的手"支配着人的思想和行动。但社会主义市场经济则要通过多种调控手段，来克服商品经济发展中固有的局限性，要使人对物的依赖关系转化为使物更好地服务于人，而不是盲目地受物支配。强调在发展经济的同时要兼顾社会效益、环境效益，维护人的价值，从而为人的全面发展创造条件。从这个意义上说，社会主义市场经济基础上建立的法治作为出发点的不应是一个抽象的陌生人假设。社会主义的法治建设，也不接受把法治机械化，忽略其他社会规范的作用；它在强调法治生活的重要性时，承认社会本身的丰富多彩，承认人们之间亲情、人伦关系的重要性。

<<< 第六章 传统儒学人文精神与法治的结合何以在构建法治的中国模式

（二）儒学人文精神在何种意义上丰富了法治的基础理论

正是基于上述的这些方面的分析，使我们看到传统儒学人文精神理论可以为法治理论提供丰富的思想财富。我们知道，群己关系的理论是传统儒学重要学说。就中国古代社会来说，由于历史形成的某种特点，使得个人往往隶属于一定的家庭、家族，儒学文化反映了社会关系的这个特点，其形成的人文思想不同于西方文化张扬个体本位和自由，而是特别重视从群己关系来思考问题。传统儒学在这个问题上的特殊贡献在于，既强调"礼"在群体组织中的控制作用，又重视"仁""义"等观念对人的行为的调节作用。前面我们简略地分析"仁""义""礼""智"这四个基本范畴在儒学中逻辑的展开过程，这里换一个角度即从传统儒学以仁学为基础的"亲亲"的理论来分析儒学人文精神提供于中国法治文明建设重要思想财富的特点。

正如有学者指出的，传统儒学思想中，"亲亲"是一个十分重要的观点。它是整个传统儒学思想的基石和原始起点，[1]《中庸》明确指出："仁者，人也，亲亲为大。"如前所述，作为儒学人文精神载体的儒学伦理由两方面的成分构成：其一即作为个人道德情感、道德信念、价值取向和精神境界的人文情怀和终极信仰；其二即作为规约个人行为的准则、社会治理的方式、社会秩序的安排以及基本的权利与义务认定的规则和理念，这两个方面都是以"亲亲"为起点。"亲亲"首先是一个情感范畴的概念。作为情感的概念，"亲亲"观念是基于自然情感而萌发的。但它又不断地丰富和充实自身，由自然情感（基于血缘关系）到恻隐之心（情感向非血缘关系推及，但还含有自然情感的成分）再到人文情怀（一种对待人际关系的精神品质），最后到"天人合一"，达

---

[1] 杨清荣. 经济全球化下的儒学伦理 [M]. 北京：中国社会科学出版社，2006：140.

到"仁者与天地万物为一体",即达到"天人合德"。① "仁"与"亲亲"相联系,传统儒学还有作为规范体系的"礼",即有礼节、礼貌、礼仪等。

"亲亲"范畴既是最基本家庭伦理观念,又是国家政治伦理的逻辑起点,所以强调重亲情、重血缘、重自然情感,这表现了这个范畴在最初产生时所反映的时代特点。但"亲亲"范畴强调人不是孤立的,人与他人总是处在相互联系,相互影响之中,人际关系从来就不是简单的冷冰冰的陌生人关系。我们要在人们之间的相互联系,相互影响之中,来考虑作为法治的基础。同时在我们强调法治的重要性时,不能忽略人性道德培植的重要性。这些都对中国法治的基础理论的建设有重要参考价值。我们必须深入思考法治的社会基础性问题,不能简单以陌生人的理论假设为条件。传统儒学的上述观点,可以说在法治基础论问题上贡献了重要的中国智慧。

三、重估德治,内倾修为推进法治道德理论的发展

从张扬德治,内倾修为的角度使法治的道德理论进一步发展,是儒学人文精神提供于法治文明建设的又一重要思想财富。

(一)重估德治的价值

主张法治并不排斥道德规范在社会中的作用。但事实情况是人们总是只强化法治,而把道德的建设当作法治的点缀品,正是因为这样,我们看到在前一阶段的学界发生了就法治与德治关系问题的激烈的争论。我们有必要重估德治的价值。

---

① 杨清荣. 经济全球化下的儒学伦理 [M]. 北京:中国社会科学出版社,2006:140.

第六章　传统儒学人文精神与法治的结合何以在构建法治的中国模式

中国传统儒学人文精神理论中有很丰富的德治思想。但当时的德治思想有明显的时代痕迹。其中有三个方面的主要思想。其一，以君主至上为德治的思想前提。这个模式中为政者是其主体。孔子提出他的德治主张："为政以德，譬如北辰，居其所而众星共之。"（《论语·为政》）孟子在有人问政于他时，他说："王，何必曰利。亦有仁义而已矣。"（《孟子·梁惠王上》）德治是他的理想。荀子则把德治推进到礼治："礼之所以正国也，譬之：犹衡之于轻重也，犹绳墨之于曲直也，犹规矩之于方圆也，既错之而人莫之能诬也。"（《荀子·王霸》）但为政者是道德的主体。他们认为，为政者注重自身的道德修养，在国家政治生活中具有绝对的重要性。因为它直接决定了一个国家的政治前途。为此，孔子总是颂扬古代的贤明之君如尧、舜、禹、周文王等并要人们效法。他认为，为政者先修身正己，这样"子帅以正，孰敢不正？"（《论语·颜渊》）"其身正，不令而行；其身不正，虽令不从。"（《论语·子路》）"子欲善而民善矣。"（《论语·颜渊》）"上好礼，则民莫敢不敬；上好义，则民莫敢不服；上好信，则民莫敢不用情。夫如是，则四方之民襁负其子而至矣。"（《论语·子路》）儒家把德治作为理想社会的根本手段有多方面的因素，如对西周时期特别是周公时期政绩的向往，农耕社会的经济特点以及血缘宗法的家庭关系的主观反映等，但他们特别看重为政者在社会生活中的作用和意义是其根本因素，这反映出传统德治实乃人治的本质。

其二，德主刑辅作为德治的主要手段。德、刑关系在当时古代社会具有重要意义。儒学德治理论强调道德在实现社会控制上的根本作用。古代的原始社会时期，"德"一般用于指本族人，而"刑"则用于外族人。进入阶级社会后，暴力、杀戮现象严重，思想家们开始思考维护国家稳定的基础问题。而儒家学说强调道德是具有根本性作用的。孔子就指出："道之以政，齐之以刑，民免而无耻；道之以德，齐之以礼，有耻且格。"(《论语·为政》)孟子也说:"善政不如善教之得民也。善政,民畏之;善教,民爱之。善政得民财,善教得民心。"(《孟子·尽心上》)"以力服人者,非心服也,力不赡也;以德服人者,中心悦而诚服也。"(《孟子·公孙丑上》)他们之所以特别推崇德治的作用,是因为他们认为法律只能通过强制迫使人约束自己的行为,但并没有心服,而德治则是唤起人们固有的羞耻之心,使人们从内心深处产生趋善的意识,从而达到治本的目的。

当然儒学的德治并不排除刑罚的作用。他们意识到仅仅依靠德礼教化是行不通的,必须要有刑罚手段的辅助。通过德刑兼施,宽猛相济的手段的综合运用,达到社会治理的目的。

其三,以封建的等级有序作为社会理想。任何一种学说要有生命力就必须满足时代的问题。传统儒学发育于当时春秋战国的时代,当时社会纷争、战乱不断,建立等级有序的社会,使百姓安居乐业,教化盛行道德、道德高尚是他们学说的理想所在,而其中富民、教民是重要内容。先秦儒家的德治思想在对君主的道德进行价值预设的基础上,进一步主张向外转化成社会每一个成员自觉的道德行为。他们相信这种道德教化的良好效果。将道德规范通过为政者的教化、礼仪制度内化为社会个体成员的自觉意识。在中国古代政治生活中,君、臣、民三者构成了最基本的社会框架。统治就是按照道德原理处理三者关系并在此基础上确立一定的道德伦理秩序。在对君主的道德进行价值预设的前提下,他们相信道德教化的良好效果。为此,孔子说:"子为政,焉有杀?子欲善而民善矣。君子之德风,小人之德草,草上之风,必偃。"(《论语·颜渊》)孟子也说:"君仁,莫不仁;君义,莫不义;君正,莫不正。一正君而国定矣。"(《孟子·离娄上》)荀子指出:"君者,仪也,仪正而景正;君者,盘也,君者盘圆而水圆;君者,盂也,盂方而水方。"(《荀子·君道》)正是在上述思想指导下,中国古代以血缘家庭为根基，以家族伦理为逻辑起点并和国家伦理相结合，确立了孝、忠观念、"三纲五常"的规矩。宗法家训和礼教顺从的美德等就构成社会规范主导内容。

传统儒学人文精神理论的德治思想虽然有其时代的局限，但与我们正在进行的社会主义法治建设并不完全是冲突的，我们有必要把传统儒学人文精神理论的德治思想经过改造纳入社会主义法治的体系。传统儒学德治思想的核心，是把国家治理寄托在统治者的道德修养和个人素质上，主张"德者治天下"，其重大缺陷是忽视运用制度和法律对统治者进行制约，更缺乏民主政治的观念，因此它在本质上是一种"人治"或"贤人政治"的理念，与现代社会主义的"法治"和"民主政治"大相径庭。但传统儒学德治的思想也对我们有启发的意义，即必须看到法治如作狭义化理解并运用是有很大的局限性的。法治文明的建设应当自觉把道德作为其中重要的内容。作为道德范畴的人文精神的张扬，不仅要求提升法律的文化含量，而且要求充分发挥道德作为社会规范的作用，内倾修为，提升人这个法治主体的道德水平，这是社会主义法治建设重要组成部分。

（二）德治在法治体系中作用分析

当我们现在谈论德治时，我们所说的"德治"当然不是中国古代传统意义上的德治。德治的社会基础、性质特点都发生了根本性变化，社会主义道德以人民的根本利益为最高原则，为人民服务是其核心内容，它根据现代生活的要求对传统道德观念进行吸收和改造。把这样的道德理论和思想贯彻于现实生活中，要求我们确立集体主义的精神、权利和义务相统一的观念等，这些都是与社会主义法治精神相统一的。就德治对法治文明的作用可以从多方面说明，但笔者认为最为突出地在于对法治文明的精神功能上。

首先，德治对法治文明具有评判作用，体现出它的精神功能。一般说，法治是通过诸多的法律规则来实现的，这些法律规则，不应是人们主观观念和权力意志的任意构造，而是客观事实的综合表现。法律制度的本质及其内在的生命力，当然在于它要确认和反映社会物质生活的真实内容和发展规律，其中物质生活条件的因素是从归根结底的意义上起作用的，这个社会人们的习俗、社会心理、道德认知等伦理因素及哲学理念等也起着十分重要的作用。一个法是否真实地反映社会发展的客观趋势和大多数人民的利益或要求就成为人们评判它为善法还是恶法的根据。这是德治评判的工作。应当说，道德与法律有着共同发生、发展的基础，道德也是由物质生活条件决定的。人对自身和他人行为进行道德评价，目的在于判别行为的善恶。在现实生活中，善恶并非抽象原则，而是依据人们的利益来确定的。社会主义道德精神与法律精神具有一致性，它们都凝结着社会主义和共产主义的理想要求，在市场经济和对外开放条件下，社会主义道德所崇尚的顾全大局、诚实可信、互助友爱、机会平等、人道主义、效率优先、兼顾公平等的原则规范，也是法律所要包含的内容。这样，使得道德对法治的评判有了实在的根据。同时，我们应当看到，法律一经确定下来，它就成为一种事实状态，具有了确定性和稳定性，具体的法律规范总是确定地对应于一些具体的行为，并且因其稳定而不断地得到贯彻和落实。但是，现实生活是在不断变化、发展的，法律规范的确定性、稳定性处理不当就可能蜕变为僵化性，因此法本身存在缺陷或漏洞的情况有时是难以避免的。这样，德治的评判就十分重要。通过道德及其他意识形态力量的作用，使法律不断地根据条件的变化调整自己。有时人们在实践过程中，甚至是司法实践中，也需要运用道德对某些事情做出评判。

其次，德治通过社会舆论方式维护法治文明，体现出它的精神功能。一般说，道德与法律在现实生活中实现方式有所不同。法律与这个社会主导的道德虽然都表现统治阶级的意志，但法律是以"国家意志"的形式出现的，要通过一定法定程序制定，一经产生就具有普遍遵守的效力，并通过一定法律程序修改或废除。这样，法律在现实生活中往往表现为一种事实状态，这种事实状态以反映现实的广泛性要求为主要内容。而道德则以群众意识、社会舆论形式出现，其发生一般是在阶级的先进分子中首先形成，然后逐步为整个阶级甚至全社会所接受。这样，就社会主义道德通过它的宣传、舆论的作用或力量就有助于法治文明的建设，使人们由外向内地发展，逐步形成了行为的自觉性。具体说，道德通过影响人们的观念意识来引导人们的外在行为，通过社会舆论的谴责、批评、赞成或反对以及唤起行为者的内心信念，培养善恶判断能力和道德责任感等方式，引导行为者借助于自我认识、自我批判和内心"立法"，把外在的道德要求转化为自愿的行为活动。这个问题在今天的中国就显得特别重要。因为不可否认，现实生活中存在着不同道德价值的冲突，人们对改革的不同理解或存在的某种困惑等已严重影响了法治文明的发展。随着改革的深入，生产的发展，交往的扩大，生产方式的不断革新，必然冲击着旧的经济关系及建立在经济关系基础上的各种社会关系，促使人们的生活方式发生变革，并带来了人与人之间的利益关系的重组。然而，变革过程并非一蹴而就，新旧力量在相当长的时间内往往处于纵横交错之中，这是造成道德困惑、道德冲突的根本原因。以我国农村为例，经过40多年的改革，一大批农民摆脱了对土地的依赖，商品生产和交换关系大量渗入农村，但在不少地方，商品经济与原有的自给自足的小农经营方式却是和平共处，在某些地方仍存在着家族势力、地方保护主义等，这些客观现实使得我们在推行社会主义市场经济和依法治国过程中，要在农村中进行广泛深入的宣传、教育，通过道德舆论的工具，提高人们认识和逐步形成维护法治的自觉性。

再次，德治可以进入人的内心世界，通过对话、交流方式实现社会控制，体现它对法治文明的精神功能，可以看到，法律以国家名义规定基本规则，在社会生活的调整上，法律起了主导作用，大部分社会关系要由法律和其他手段进行调整。但有些社会关系的调整，法律只能起辅助的作用，主要应依靠其他手段，如思想、信仰领域。因为法律作为制度，突出尺度的统一性、规范性，严格以事实为根据，考察主体行为对客体产生的实际效果、作用及行为主体应负的责任。法律制度不诉诸良心，不允许渗入主观因素，也不干预和惩办人的思想。而道德行为作为一种价值判断，它虽然也考虑人的行为的社会后果，但关注更多的是人的内心，是行为主体由自身利益和文明素质熔铸而成的思想动机，带有较为强烈的主观色彩。道德通过对话、交流方式实现社会控制是十分重要的。因为任何社会或国家实际都需要有一种主流道德文化，它可以起到维护社会稳定、保持社会延续的精神支柱作用。一般说来，这种道德文化的社会作用，是通过文化塑造与特定社会制度要求相一致的人，从而达到维护社会的统一性和稳定性目的。道德之所以能起这种作用，因为它属于精神生产，它可以通过语言文字以及其他物质载体，使其由个人意识变为社会意识，由主观精神变为客观精神，从而形成一种社会文化环境。我们每个人都生活于某种文化体系处于主导地位的社会中，它将对我们每个人的一生产生巨大的影响。所谓人的社会化过程，就是接受文化的培育和熏陶的过程。所以主体道德文化的重要作用，是培养一代又一代对该社会制度的归属感和认同感。

　　德治对法治文明具有精神功能，对这种精神功能作抽象的概括，突出倡导文化的主旋律。因为无论是德治对法治的评价，还是通过舆论方式维护法治文明及对人的思想的对话、交流，都是以倡导文化主旋律的方式实现的。而这个问题在当代中国社会转型期就有特别重要的意义，这里涉及的关键在于倡导的文化主旋律的内容问题。

　　当代中国社会转型期在政治、经济、文化等多方面都发生了巨大变化，对我们要弘扬的文化主旋律也提出了挑战。就社会在政治、经济、文化等方面的变化而言，我们可以看到这么一些突出的方面。其一，社会结构由简单到复杂的变迁，使社会整合所面临的群体基础发生了重大变化。人们利益之间的矛盾冲击凸现出来。改革前，中国社会群体结构比较简单，社会主要有农民、工人、干部三种身份系统，由于实行的是国家统一的分配方式，人们在利益上的差距也不突出。但现在则出现了多种经济成分并存的局面，原有的那种较为简单的身份系统已不复存在。社会成员由于处于不同所有制以及各单位经济效益的差距之下，使得利益上的不平衡成为一种普通的社会现象。其二，社会经济、政治等新的制度建设发展的不平衡造成的某种社会机制运作上的紊乱。改革前，中国的经济、政治等结构由于都是在计划经济统一框架下具有相对的稳定性和统一性，具体即表现为经济上的单一所有制，政治上的高度集权为特征，社会采取行政命令和权力控制相结合的方式。但改革后，社会主义市场经济体制逐渐代替了传统的计划经济模式，多种经济成分并存的所有制结构代替了单一的所有制结构，与市场经济相适应也逐步建立起一系列新的社会制度，但由于种种因素政治体制改革滞后于经济体制改革，新制度的建立本身是一个过程使得社会的相互摩擦的加剧也是自然的。第三，社会整合途径的变化，简单行政控制的力量有所下降。改革前，组织高度单位化，每个单位又都依赖于国家、单位的生产及其职工的生活、福利等也都由国家统一，由单位实施并具体安排，因而社会整合途径比较直接、单一，由国家的行政直接进行控制。但进入市场经济后，情况不同了，社会组织开始分化，组织的开放度增加，社会成员的流动日益频繁，行政指令性作用大为削弱。第四，思想观念上存在的多元化倾向和社会整合的思想基础发生的变化。社会结构的变化、利益上的多元化以及政治、经济等社会制度调整、发展的不平衡，为社会成员思想价值观念的多样化提供了基础。由于社会成员有了进行价值判断和价值选择的自由，人们在根据自己的条件和需要，选择适合于自己的价值取向，且价值取向上，人们表现出个性化、世俗化、现实化等特征。

在这样的社会背景下，在主旋律道德文化观念上缺乏明确而坚定的价值主张，是特别值得我们关注的，这会影响依法治国、建设社会主义法治国家的历史进程，为此，邓小平同志在1985年就提出过警告，他说："社会主义精神文明建设，很早就提出了。……不过就全国来看，至今效果还不够理想。主要是全党没有重视。我们为社会主义奋斗，不但是因为社会主义有条件比资本主义更快地发展生产力，而且因为只有社会主义才能消除资本主义和其他剥削制度所必然产生的种种贪婪、腐败和不公正现象。这几年生产是上去了，但是资本主义和封建主义的流毒还没有减少到可能的最低限度，甚至新中国成立后绝迹已久的一些坏事也在复活。我们再不下大的决心迅速改变这种情况，社会主义的优越性怎么能全面地发挥出来？我们又怎么能充分有效地教育我们的人民和后代？不加强精神文明的建设，物质文明的建设也要受破坏、走弯路。光靠物质条件，我们的革命和建设都不能胜利。"[①] 应当指出，在体制转型期，人们道德价值观的混乱有些是难免的，但必须明确道德价值观点的更新并不是要否定社会主义基本道德价值观点，基本的经济制度决定了基本道德的价值观和基本的价值导向，基本的道德价值观在一个稳定的国家或社会总是一元的，不是多元的，反映现代市场经济要求的道德价值观，如效率观念、信息观念、竞争观念、开放观念、能力观念、创新观念等，当然有其存在的理由和根据，但这些并不属于社会的基本道德价值观念，而是受制于基本道德价值观念的。社会主义市场经济以公有制为主体这一基本经济制度的规定、中国文化的历史传统沉淀的成

---

① 邓小平著.《邓小平文选》第3卷, 第143-144页

<<< 第六章 传统儒学人文精神与法治的结合何以在构建法治的中国模式

分以及在中国人心理层面的基础，决定了它必然要以人民为价值主体和评价主体的集体主义作为基本道德价值取向。

理直气壮地弘扬社会主义集体主义道德，积极建立集体主义道德体制，是中国社会主义法治文明国家建设的历史性任务。坚持发展社会主义市场经济与倡导为人民服务价值思想的统一，在实践中应有必要处理以下几个问题，首先坚持义和利的统一。这对国家来说，在抓物质文明建设的同时，搞好制度文明、精神文明建设，促进社会全面进步。对于个人来说，在追求正当物质利益时不损害国家和他人的利益，努力把个人价值的实现方式与国家、人民的利益统一起来，融汇到为人民服务之中去。其次，坚持先富和共富的统一。发展社会主义市场经济的目的，是实现广大人民群众共同富裕。为了达到这个目的，我们提出了允许一部分地区、一部分人通过诚实劳动和合法经营先富起来的政策，并积极倡导先富带动后富，先富帮助后富，推动整个国民经济不断地波浪式向前发展。我们应当在这个问题上，不再是抽象的原则，应找到切实的具体的方法。再次，坚持等价交换和无私奉献的统一。发展社会主义市场经济，必须遵循等价交换的基本原则，这是市场经济具有必然性的客观要求。然而，社会的发展，人类的进步，又需要有无私奉献的精神。实际上只有当社会成员的奉献大于索取，社会才有积累，才能不断地进行扩大再生产，推动人类社会不断地进步。社会主义市场经济不同于资本主义的重要特点之一，就是人们不为等价交换的原则所束缚，不成为金钱的俘虏或奴隶。当然，这项工作是很艰难的但又是必须要做的。通过弘扬社会主义集体主义道德必将有力促进我国社会主义法治国家的建设步伐。

（三）传统儒学人文精神在哪些方面丰富法治的道德理论

儒学人文精神在这里丰富法治道德理论的主要方面在于：

其一，充分认识到道德作为社会规范的重要性。孔子明确指出，强制性规范控制只能使"民免而无耻"，只有道德的教化才能使人民"有耻且格"。深入人心的道德伦理的培植，比限制人的行为的法律规范对维护正常的社会秩序更有效。因此，孟子也认为："以力服人者，非心服也，力不赡也；以德服人者，中心悦而诚服也。"（《孟子·公孙丑》）因此，儒学认为，一个国家成功而有效的管理不是使人们的行为合乎秩序的要求，不是禁止人们不做坏事，而是使人们自觉地遵守秩序，并能追求某种道德境界。要做到这一点，必须肯定人们都有追求德行的愿望和能力。

其二，重视个人德行特别是统治者个人德行在国家治理中起着至关重要作用。孔子指出："政者，正也。子帅以正，孰敢不正？"（《论语·卫灵公》）"苟正其身矣，于从政乎何有？"（《论语·颜渊》）只要是最高统治者以身作则，就可以收到上行下效的作用。故孔子讲："上好礼，则民莫敢不敬；上好义，则民莫敢不服；上好信，则民莫敢不用情。夫如是，则四方之民襁负其子而至矣。"（《论语·子路》）"君子之德风，小人之德草，草上之风，必偃。"（《论语·颜渊》）"其身正，不令而行；其身不正，虽令不从。"（《论语·颜渊》）。可见，当政者修身正行，不仅是为政的前提，也是为政的手段。孟子也明确指出，只有仁德的人，才有资格有位，才会无敌于天下，因为"一正君而国定矣。"（《孟子·离娄上》）否则，"身不行道，不行于妻子"（《孟子·尽心下》）。汉代的董仲舒在他著名的《天下三策》中也指出："为人君者，正心以正朝廷，正朝廷以正百官，正百官以正万民，正万民以正四方……四海之内闻圣德而来朝……而五道终矣。"（《汉书·董仲舒传》）君主通过"修身"与"修心"达到"修己以安人""修己以安百姓"，最终方可实现王道，"而天下归之"。这就是儒家独特的政治哲学——"内圣外王"之学。

<<< 第六章 传统儒学人文精神与法治的结合何以在构建法治的中国模式

其三,强调内倾修为,提出了一系列道德修为的范畴①。这些范畴是儒学人文精神宝贵的思想财富,它们之间有着内在的联系。我们把其中主要方面表达出来。

1. "仁",仁即爱人,这是孔子规定的,孟子又谓之恻隐之心。但儒学主张爱有等差,施由亲始,由家庭之爱推到社会之爱、天下之爱,以至于爱天地万物。后来仁的思想得到发展。张载"民吾同胞,物吾与也"(《张载·西铭》)。韩愈"博爱之谓仁"(《韩愈·原道》)。程颢"仁者以天地万物为一体"(《河南程氏遗书》)。朱熹:"仁者,天地生物之心。"(《朱子语类》)仁爱的精神得以提升。

2. "义",仁则必义,但义与利是相对的。儒学重义而轻利,实则义指为公,利指为私,义指精神的追求,利指物质的索取。义是儒家处理个人和社会、个人和他人、物质生活和精神相互关系的道德规范,代表人的社会行为的崇高性,因此义高于人的生命,必要时应舍生取义。由义还可以引申出恩义、情义等概念。

3. 礼,一般说所谓礼就是人的社会行为规范,属于道德的范畴。荀子在《荀子·富国》中说:"礼者,贵贱有等,长幼有差,分富轻重皆有称者也。"《荀子·劝说》中说:"礼者法之大分。"在运用上,孔子强调"礼之用,和为贵"。而荀子则强调"乐合同,礼别异"。在个人道德的提升上要求"君君臣臣父父子子""博学于文,约之以礼"。

4. "智",儒学强调知识的重要,智者能知仁知义。孔子说:"智者不惑。"孟子说:"是非之心,智也。"即人的学识才智和能力。当然这主要靠后天学习才能获得。

5. "信",即诚实而信用的品质。交友做事都要以诚信为本,信守承诺。"民无信不立。"(《论语·颜渊》)"人而无信不知其可也。"

---

① 姜林祥. 儒学与社会现代化 [M]. 广州:广东教育出版社,2004:543-624.

(《论语·为政》）信是一个人立于社会的根本，但信以仁为基础，是仁义之信，信义之心。因此，儒学还把信与义相联系，故孔子曰："信近于义，言可复也。"（《论语·学而》）

6. "忠"，作为一种道德品质、广义上强调对自己工作岗位尽职尽力，不谋私心，即忠于职守的意思。也就是"与人忠"，但随着君主专制制度的发展，其忠君的含义被强化，这时尊敬、顺从就成为忠的另一层面的含义。君要臣死臣不敢不死，而不问是明君还是昏君，这种忠就是愚忠。儒学主流观点强调忠是有原则的。

7. "孝"，指子女对长辈或父母的道德行为。孝在儒学中被看作做人的根本，"生事之以礼，死葬之以礼，祭之以礼"（《论语·为政》），生时敬养，病则待奉，葬时哀伤。在儒学看来孝包容了忠，是忠的基础。因此有："教以孝，所以敬天下为人父者也。"（《孝经》）现代社会我们强调，父母与子女在人格上的平等，但孝的道德内涵即后人对前人付出的感恩同样应得到提倡。

8. "悌"，即处理幼对长的道德关系，包括弟敬顺兄和晚生后辈敬顺年长辈高者。悌德的基本要求是"敬"，有此敬心，发散开去，便有义行。朱熹说："仁主于爱，而爱莫切于事亲；义主于敬，而敬莫先于从兄。故仁义之道，其用至广，而其实不越于事亲从兄之间。"（《四书集注·离娄上》）悌德可使长幼有序，推广到乡里和社会，便会形成礼貌敬让的风尚。

9. "恕"，强调对他人的体谅和宽容。字义上，按照孔子的说法，"恕"即"己所不欲，勿施于人"（《论语·颜渊》）。"恕"字上"如"下"心"，即是将心比心，儒家处理人己关系的基本道德原则，主张人要学会宽容，不把自己的观点强加于人，以平等的态度与人相处。

10. "中庸"。二程曰："不偏之谓中，不易之谓庸。中者，天下之正道；庸者，天下之定理。"(《中庸·集注》)朱熹曰："中者，不偏不倚，无过不及之名；庸，平常也。"(《中庸·集注》)这是儒家对中庸的代表性解说。但中庸在儒学中并不是独立的，它表示行仁的最佳状态，故又称"中行"，即根据事情的发展变化准确掌握行仁的尺度，恰到好处地处理问题。中庸并不是四面讨好，八面玲珑，不讲原则，似忠而伪。中庸是有原则的，它坚守正道而不与一切偏失错误妥协，故《中庸》说："君子和而不流，强哉矫。中立而不倚，强哉矫。"中庸需要公心、经验和人生的智慧。

11."诚"。诚与信相联系意为真实不欺的意思，孟子强调反身而诚，重视道德自律。《中庸》提出"不诚无物""择善而固执""成己成物"。《大学》讲修身步骤，以诚意为旨要，意诚才能慎独。王阳明主张"君子之学，以诚意为主"(《文录·答天宇书》)。诚是道德的生命，诚则道德存，伪则道德亡，所以诚的精神必须大力发扬。

12."耻"，保持独立的人格尊严，要知耻，要有羞愧之心，不做不道德的事。孔子曰："行己有耻。"(《论语·子路》)孟子曰："人不可以无耻。"(《孟子·尽心上》)知耻是一种道德良知的反映，也是思想上的自觉。

13."勇"，既有正义之感，敢作敢为，不惧恶势力。孔子曰："勇者不惧。"(《论语·子罕》)勇是道德实践的必要条件。

其四，传统儒学不仅强调私德的修养，还注意方法。儒学的道德方法论内容十分丰富。我们也做简要分析。

1. 笃志而固执。《论语》说："任重而道远；仁以为己任，不亦重乎？死而后已，不亦远乎？"修道是终生的事，终生追求不懈，不能时重时轻，不能有始无终。《中庸》提出"择善而固执"，这是至诚的精神，精诚所至，金石为开，固执的道德追求是修养的根本前提。

2. 反躬内省。孔子曰："内省不疚。"(《论语·颜渊》)曾子所谓："吾日三省吾身。"就是在强调这个方法，就是说人要反复省察自己的思想言行。孟子也指出这个方法的重要性："爱人不亲，反其仁；治人不治，反其智；礼人不答，反其敬。行有不得者，皆反求诸己。"（《孟子·离娄上》）这说明道德责任是需要自觉自愿承担的。

3. 慎独。《大学》在解释诚意时提出"慎独"，意为为善要诚心诚意，不欺人亦不自欺。《中庸》说明慎独的含义是："君子戒慎乎其所不睹，恐惧乎其所不闻。"在无人监视的情况下更要警惕和自觉，不做非道德的事，这才是诚意为善的表现。慎独的思想来源于孔子，孔子说："古之学者为己，今之学者为人。"（《论语·宪问》）为学的目的不是为了表现给别人看，而是为了自身首先的完美，因此必须有高度的自律意识，不因没有人的监督而改变自己。

4. 从善思过。孔子说："三人行必有我师焉，择其善者而从之，其不善者而改之。"（《论语·学而》）荀子说："学莫便乎近其人。"（《荀子·劝学》）"学之经莫速乎好其人。"（《荀子·劝学》）说的就是这个方法，即我们要见贤思齐，见贤内省，榜样的力量是无穷的。

5. 推己及人。即主张要将心比心，推己及人，由近及远，逐渐向外开去，这是每个人都可以入手，切实可行的方法，孟子曰："老吾老以及人之老，幼吾幼以及人之幼。"（《孟子·梁惠王上》）一方面我们应当将爱自己老幼之心推广去爱他的老幼；另一方面，我们在爱自己老幼的同时，也要让天下的人都能够爱自己的老幼。

6. 存心养性。孟子说："存其心，养其性，所以事天也。"（《孟子·尽心上》）养性即养浩然之气，配义与道，使它至大至刚，塞于天地之间，形成操守不移的大丈夫气概。

研究参考书目

［1］马克思恩格斯全集（第1卷）［M］. 北京：人民出版社，1956.

［2］马克思恩格斯选集（第3卷）［M］. 北京：人民出版社，1995.

［3］马克思恩格斯全集（第3卷）［M］. 北京：人民出版社，1989.

［4］马克思恩格斯全集（第19卷）［M］. 北京：人民出版社，1989.

［5］马克思恩格斯全集（第21卷）［M］. 北京：人民出版社，1956.

［6］马克思恩格斯全集（第23卷）［M］. 北京：人民出版社，1989.

［7］马克思恩格斯全集（第40卷）［M］. 北京：人民出版社，1982.

［8］马克思恩格斯全集（第46卷）［M］. 北京：人民出版社，1989.

［9］西方哲学原著选读（上卷）［M］. 北京：商务印书馆，1987.

［10］费尔巴哈哲学选集（上卷）［M］. 北京：商务印书馆，1984.

［11］古希腊罗马哲学［M］.北京：生活·读书·新知三联书店，1957.

［12］古希腊罗马哲学［M］.北京：商务印书馆，1975.

［13］西方法律思想史资料选编［M］.北京：北京大学出版社，1983.

［14］牛津法律大辞典［M］.北京：光明日报出版社，1988.

［15］宪法词典［M］.长春：吉林人民出版社，1988.

［16］从文艺复兴到19世纪资产阶级文学家艺术家有关人道主义人性论言论选辑［M］.北京：商务印书馆，1971.

［17］十八世纪法国哲学［M］.北京：商务印书馆，1963.

［18］爱因斯坦文集（第3卷）［M］.北京：商务印书馆，1979.

［19］存在主义哲学［M］.北京：商务印书馆，1963.

［20］洪谦.现代西方资产阶级哲学论著选辑［M］.北京：商务印书馆，1964.

［21］王铁崖.中外旧约章汇编（第1册）［M］.北京：生活·读书·新知三联书店，1982.

［22］展恒举.中国近代法制史［M］.台北：台湾商务印书馆，1973.

［23］汪太贤，艾明.法治的理念与方略［M］.北京：中国检察出版社，2001.

［24］张宏生.西方法律思想史［M］.北京：北京大学出版社，1992.

［25］苗力田，李毓章.西方哲学史新编［M］.北京：人民出版社，1990.

［26］李龙.良法论［M］.武汉：武汉大学出版社，2001.

［27］李龙.宪法基础理论［M］.武汉：武汉大学出版社，1999.

[28] 谢岳,程竹汝. 法治与德治——现代国家的治理逻辑 [M]. 南昌：江西人民出版社, 2003.

[29] 徐国栋. 民法基本原则解释 [M]. 北京：中国政法大学出版社, 1992.

[30] 郑成良. 法律之内的正义：一个关于司法公正的法律实证主义解读 [M]. 北京：法律出版社, 2002.

[31] 杨清荣. 经济全球化下的儒家伦理 [M]. 北京：中国社会科学出版社, 2004.

[32] 周永坤. 法理学——全球视野 [M]. 北京：法律出版社, 2000.

[33] 张文显. 二十世纪西方法哲学思潮研究 [M]. 北京：法律出版社, 1996.

[34] 张文显. 法哲学范畴研究 [M]. 北京：中国政法大学出版社, 2001.

[35] 张晋潘. 中国法律的传统与近代转型 [M]. 北京：法律出版社, 1997.

[36] 朱应平. 论平等权的宪法保护 [M]. 北京：北京大学出版社, 2004.

[37] 冯亚东. 平等、自由与中西文明 [M]. 北京：法律出版社, 2002.

[38] 李翔海. 民族性与时代性 [M]. 北京：人民出版社, 2005.

[39] 任剑涛. 道德理想主义与伦理中心主义 [M]. 北京：东方出版社, 2003.

[40] 刘文英. 儒家文明：传统与传统的超越 [M]. 天津：南开大学出版社, 1999.

[41] 沈宗灵. 法理学 [M]. 北京：北京大学出版社, 2000.

[42] 沈宗灵. 现代西方法理学 [M]. 北京：北京大学出版社, 1992.

[43] 范进学. 法的观念与现代化 [M]. 济南：山东大学出版社, 2004.

[44] 李瑜青. 法理学 [M]. 上海：上海大学出版社, 2005.

[45] 李瑜青, 李明灿. 契约精神与社会发展 [M]. 太原：山西人民出版社, 1997.

[46] 周仲秋. 平等观念的历程 [M]. 海口：海南出版社, 2002.

[47] 吴家麟. 宪法学 [M]. 北京：群众出版社, 1983.

[48] 徐明显. 人权研究 [M]. 济南：山东人民出版社, 2002.

[49] 石元康. 当代西方自由主义理论 [M]. 上海：三联书店, 2000.

[50] 吕世伦, 文正邦. 法哲学论 [M]. 北京：中国人民大学出版社, 1999.

[51] 梅因. 古代法 [M]. 北京：商务印书馆, 1984.

[52] 杨清荣. 经济全球化下的儒学伦理 [M]. 北京：中国社会科学出版社, 2006.

[53] 姜林祥. 儒学与社会现代化 [M]. 广州：广东教育出版社, 2004.

[54] 夏勇. 人权概念起源 [M]. 北京：中国政法大学出版社, 1992.

[55] 夏光. 东亚现代性与西方现代性：从文化的角度看 [M]. 北京：生活·读书·新知三联书店, 2005.

[56] 冯天瑜, 何晓明, 周积明. 中华文化史（上册）[M]. 上海：上海人民出版社, 1990.

[57] 周天伟. 法治理想国——苏格拉底与孟子的虚拟对话 [M].

北京：商务印书馆，1999.

[58] 金耀基. 从传统到现代 [M]. 北京：中国人民出版社，1999.

[59] 牟宗三，吴兴文. 道德的理想主义 [M]. 长春：吉林出版集团有限责任公司，2010.

[60] 朱伯昆. 先秦伦理学概论 [M]. 北京：北京大学出版社，1984.

[61] （古希腊）柏拉图. 法律篇 [M]. 郭斌和，张竹明，译. 北京：商务印书馆，1986.

[62] （古希腊）亚里士多德. 政治学 [M]. 吴寿彭，译. 北京：商务印书馆，1988.

[63] （古希腊）亚里士多德. 尼各马可伦理学 [M]. 苗力田，译. 北京：中国社会科学出版社，1990.

[64] （古罗马）西塞罗. 论共和国论法律 [M]. 王焕生，译. 北京：中国政法大学出版社，1997.

[65] （意）但丁. 论世界帝国 [M]. 朱虹，译. 北京：商务印书馆，1985.

[66] （意）桑德罗·斯奇巴尼. 正义与法 [M]. 北京：中国政法大学出版社，1992.

[67] （英）培根. 新工具 [M]. 许宝骙，译. 北京：商务印书馆，1984.

[68] （英）莎士比亚. 莎士比亚全集（第5卷）[M]. 朱生豪，译. 北京：人民文学出版社，1994.

[69] （英）怀特海. 科学与近代世界 [M]. 何钦，译. 北京：商务印书馆，1959.

[70] （英）洛克. 政府论 [M]. 叶启芳，瞿菊农，译. 北京：商务印书馆，1997.

[71]（英）汤因比，（日）池田大作. 展望二十一世纪：汤因比与池田大作对话录［M］. 荀春生，朱继征，陈国栋，译. 北京：国际文化出版社，1985.

[72]（英）威廉·韦德. 行政法［M］. 徐炳，译. 北京：中国大百科全书出版社，1997.

[73]（英）弗里德利希·冯·哈耶克. 自由秩序原理［M］. 邓正来，译. 北京：生活·读书·新知三联书店，1997.

[74]（英）边沁. 政府片论［M］. 北京：商务印书馆，1995.

[75]（英）霍布斯. 利维坦［M］. 北京：商务印书馆，1995.

[76]（德）文德尔班. 哲学是教程（上卷）［M］. 罗达仁，译. 北京：商务印书馆，1997.

[77]（德）尼采. 查拉图斯特拉如是说［M］. 孙周兴，译. 北京：商务印书馆，1936.

[78]（德）叔本华. 作为意志和表象的世界［M］. 石冲白，译. 北京：商务印书馆，1982.

[79]（德）伯恩·魏德士. 法理学［M］. 北京：法律出版社，2003.

[80]（法）卢梭. 社会契约论［M］. 何兆武，译. 北京：商务印书馆，1982.

[81]（法）卢梭. 论人类不平等的起源和基础［M］. 李常山，译. 北京：商务印书馆. 1997.

[82]（法）孟德斯鸠. 波斯人信札［M］. 罗大冈，译. 北京：人民文学出版社，1984.

[83]（法）孟德斯鸠. 论法的精神（上）［M］. 北京：商务印书馆，1961.

[84]（法）皮埃尔·勒鲁. 论平等［M］. 王允道，译. 北京：商

务印书馆, 1988.

[85]（法）约瑟夫·祁雅理. 二十世纪法国思潮[M]. 吴永泉, 译. 北京: 商务印书馆, 1987.

[86]（法）让·华尔. 存在哲学[M]. 翁绍军, 译. 北京: 生活·读书·新知三联书店, 1987.

[87]（法）傅立叶. 傅立叶选集（第1卷）[M]. 北京: 商务印书馆, 1959.

[88]（美）伯尔曼. 法律与宗教[M]. 梁治平, 译. 北京: 生活·读书·新知三联书店, 1991.

[89]（美）艾德勒. 六大观念[M]. 郝庆华, 薛笙, 译. 北京: 生活·读书·新知三联书店, 1989.

[90]（美）E·博登海默. 法理学——法哲学及其方法[M]. 邓正来, 姬敬武, 译. 北京: 华夏出版社, 1987.

[91]（美）I. B. 科恩. 牛顿革命[M]. 颜峰, 弓鸿午, 欧阳光明, 译. 南昌: 江西教育出版社, 1999.

[92]（美）约翰·罗尔斯. 正义论[M]. 北京: 中国社会科学出版社, 1988.

[93]（美）罗尔斯. 政治自由主义[M]. 万俊人, 译. 南京: 译林出版社, 2000.

[94]（美）罗尔斯. 正义论[M]. 何怀宏, 何宝钢, 廖申白, 译. 北京: 中国社会科学出版社, 1988.

[95]（美）梯利. 西方哲学史[M]. 葛力, 译. 北京: 商务印书馆, 2000.

[96]（美）昂格尔. 现代社会中的法律[M]. 吴玉章, 周汉华, 译. 北京: 中国政法大学出版社, 1994.

[97]（美）伯纳德. 施瓦茨. 美国法律史[M]. 王军, 译. 北京:

中国政法大学出版社，1989.

[98]（美）庞德. 通过法律的社会控制——法律的任务［M］. 北京：商务印书馆，1984.

[99]（美）马文. 佩里. 西方文明史（下卷）［M］. 胡万里，王世明，黄英等，译. 北京：商务印书馆，1993.

[100]（瑞典）格德门德尔·阿尔弗雷德松，（挪威）阿斯布佐恩·艾德.《世界人权宣言》：努力实现的共同标准［M］. 中国人权研究会组织，译. 成都：四川人民出版社，1999.

[101] 何怀宏. 我的人文观［M］//侯样祥，王文章. 中国学者心中的科学人文（人文卷）. 昆明：云南教育出版社，2002.

[102] 龚育之. 对科学技术发展的人文思考［M］//侯样祥，王文章. 中国学者心中的科学人文（人文卷）. 昆明：云南教育出版社，2002.

[103] 李连科. 人文观与人学［M］//侯样祥，王文章. 中国学者心中的科学人文（人文卷）. 昆明：云南教育出版社，2002.

[104] 杨国荣. 儒字"和"的观念及其内在意蕴［C］//朱贻庭. 儒学文化与和谐社会［M］. 上海：学林出版社，2005.

[105] 周永坤. 市场经济呼唤立法平等［M］//张文显，李步云. 法理学论丛（第1卷）. 北京：法律出版社，1999.

[106] 李瑜青. 宪法中民营经济地位变迁与以人为本法理理念——兼论法理学研究对法律实践的价值［J］. 北京行政学院学报，2009（01）：75-79.

[107] 李瑜青. 论当代中国改革的历史主题与法治之路［J］. 上海党史研究，1999（S1）：124-128.

[108] 李瑜青. 人文精神问题的实质、运行和途径［J］. 上海大学学报（社会科学版），2000（06）：5-11.

[109] 汪太贤. 论法治的人文情结 [J]. 西南民族大学学报: 人文社会科学版, 1999 (6): 132-136.

[110] 吕世伦, 薄振峰. 论人权的几个对应范畴 [J]. 金陵法律评论, 2004 (01): 12-24.

[111] 吕世伦, 张学超. "以人为本"与社会主义法治——一种法哲学上的阐释 [J]. 法制与社会发展, 2005 (1): 85-102.

[112] 李步云. 论人权的本原 [J]. 政法论坛: 中国政法大学学报, 2004 (2): 10-18

[113] 张践. 儒家"仁"学的现代意义 [J]. 孔子研究, 1992 (04): 3-10.

[114] 陈卫平. 论儒家人道原则的历史演进 [J]. 浙江社会科学, 1998 (04): 92-97.

[115] 王杰. 为政以德: 孔子的德治主义治国模式 [J]. 中共中央党校学报, 2004, 8 (002): 77-83.

[116] 陈波. 近现代西方法治观的嬗变及其借鉴意义 [J]. 武汉交通管理干部学院学报, 2002 (04): 10-13+88.

[117] 范忠信. 中国法律现代化的三条道路 [J]. 法学, 2002 (10): 9-14.

[118] 朱孔武. 法治进程中传统伦理法的历史命运 [J]. 汕头大学学报, 2001.

[119] 庞朴. 中国文化的人文精神（论纲）[J]. 学习与研究 (4): 3.

[120] 夏勇. 法治是什么——渊源、规诫与价值 [J]. 中国社会科学, 1999 (4): 117-143.

[121] 朱贻庭. 义分则和——关于构建和谐社会的儒家智慧 [J]. 探索与争鸣, 2005 (08): 4-6.

[122] 杨廷久. 西方传统人学理论的内在发展逻辑及其特征 [J]. 北京师范大学学报（社会科学版），1993（05）：65-71.

[123] 杨寿堪. 人文主义：传统与现代 [J]. 北京师范大学学报（人文社会科学版），2001（05）：92-98.

[124] 万俊人. 儒家人文精神的传统本色与现代意义——试以先秦儒家伦理为例：一种比较阐释 [J]. 浙江社会科学，1998（01）：91-98.

[125] 陈卫平. 论儒家人道原则的历史演进 [J]. 浙江社会科学，1998（04）：92-97.

[126] 石泰峰. 社会需求与立法发展 [J]. 中国法学，1991（1）：15.

[127] 蒋先福. 法治的文化伦理基础及其构建 [J]. 法律科学（西北政法学院学报），1997（06）：3-9.

[128] 吴国盛. 科学与人文 [J]. 当代作家评论，2001（6）：45-45.

[129] 李之喆. 中国传统人文精神及其特征 [J]. 上海大学学报（社会科学版），2001（06）：10-16.